MONICA McINERNEY

Liebe zu verschenken

Buch

Sylvie Devereaux entstammt einer Künstlerfamilie aus Sydney – die Mutter eine gefeierte Malerin, die eine Schwester Schmuck-, die andere Modedesignerin, der Bruder ein mit Preisen dekorierter Lichtgestalter für Film und Theater. Nur Sylvie wurde bislang nicht von der Muse geküsst, sie arbeitet als »Mädchen für alles« im Atelier ihrer glamourösen Schwestern. Dass sich an ihrem Leben etwas ändern muss, weiß nicht nur sie, sondern auch ihr Bruder Sebastian. Er schlägt ihr vor, eine Weile in seinem Apartment in Melbourne zu wohnen und das Haus zu hüten, während er am Filmset ist, damit sie den Fängen der restlichen Familie entkommen kann. Und damit Sylvie auf andere Gedanken kommt, hat er sich etwas ganz Besonderes für sie einfallen lassen …

Autorin

Monica McInerney wuchs als mittleres Kind von sieben Geschwistern im Clare Valley in Südaustralien auf. Sie hat in Australien, Irland und England gelebt und im Verlagswesen, Kunstmarketing, Kinderfernsehen sowie in irischen »music pubs« gearbeitet. Monica McInerney lebt heute mit ihrem Mann in Dublin.
Mehr über die Autorin auf ihrer Website: www.monicamcinerney.com

Von Monica McInerney außerdem bei Goldmann lieferbar:

Die Töchter der Familie Faraday. Roman (46811)

Monica McInerney

Liebe zu verschenken

Roman

Aus dem Englischen
von Astrid Mania

GOLDMANN

Die Originalausgabe erschien 2006
unter dem Titel »Odd One Out«
bei Penguin Group (Australia).

FSC
Mix
Produktgruppe aus vorbildlich
bewirtschafteten Wäldern und
anderen kontrollierten Herkünften

Zert.-Nr. SGS-COC-1940
www.fsc.org
© 1996 Forest Stewardship Council

Verlagsgruppe Random House FSC-DEU-0100
Das FSC-zertifizierte Papier *Holmen Book Cream* für dieses Buch
liefert Holmen Paper, Hallstavik, Schweden.

1. Auflage
Deutsche Erstveröffentlichung November 2009

Umschlaggestaltung: UNO Werbeagentur, München
Umschlagmotiv: Sabine Fritsch/STOCK4B/getty images
KA · Herstellung: Str.
Redaktion: Ilse Wagner
Satz: deutsch-türkischer fotosatz, Berlin
Druck und Bindung: GGP Media GmbH, Pößneck
Printed in Germany
ISBN: 978-3-442-46933-8

www.goldmann-verlag.de

Kapitel 1

Ihr selbst war es in dem Moment gar nicht bewusst, doch um neunzehn Uhr fünf, während der Hochzeitsfeier ihrer Schwester Vanessa – für die es bereits die zweite Ehe war –, nahm das Leben von Sylvie Devereaux eine unerwartete Wendung.

Den Anstoß dazu sollte ihre Großtante Mill geben. »Mill-wie-Millicent«, wenn sie sich selbst vorstellte. »Mill, das wandelnde Fettnäpfchen«, wenn andere über sie sprachen.

Für die Familie Devereaux war es ein hektischer Tag. Der Grund dafür stand am folgenden Morgen in den Klatschspalten von Sydneys Tageszeitungen: *Durch die Vermählung der Modedesignerin Vanessa Devereaux mit dem Schauspieler Jared Rowe fanden gestern zwei Künstlerdynastien zueinander. Die Gästeliste las sich wie das »Who is Who« der Kunstszene Sydneys: die gefeierte Malerin Fidelma Devereaux und Mutter der Braut, die Schwester der Braut und ihre Trauzeugin, die Schmuckdesignerin Cleo Devereaux, sowie ihr Bruder*

Sebastian Devereaux, Gewinner des diesjährigen Green Room Award für seine herausragenden Leistungen in der Lichtgestaltung. Vanessa, ihres Zeichens aufgehender Star am Modehimmel unserer Stadt, trug ein selbst entworfenes Kleid, eine gewagte, farbenprächtige Interpretation des klassischen griechischen Frauengewands ... Sylvie wurde an keiner Stelle erwähnt.

Der Empfang fand in einem angesagten Restaurant an Sydneys Hafen statt. Kellner, so attraktiv wie Models, servierten das Hochzeitsmenü: einheimische Felsenaustern als Vorspeise, gebratene Seezunge mit geriebenen Trüffeln und Steinpilzen an Babyspinat als Hauptgericht, eine sommerliche Komposition aus Beeren mit einem süßen Dreiklang aus Mousse-Variationen zum Dessert.

Ein gutes Stück vom Tisch der Braut entfernt versuchte Sylvie, zu Atem zu kommen. Sie war den ganzen Tag lang hin und her gehetzt. Sie hatte noch einmal alle Einzelheiten mit dem Standesbeamten, dem Fotografen, dem Caterer und den Musikern besprochen, hatte die Blumen geholt, die Blumen zurückgebracht, weil sie Vanessa nicht zusagten, in der Hotelsuite die Möbel verrückt, weil Vanessa darauf bestanden hatte, sie wieder zurückgeschoben, weil der Fotograf darauf bestanden hatte. Dann war sie nach Hause gefahren, um eine Handtasche zu holen, die ihre Mutter dort vergessen hatte. Unterwegs hatte sie am Atelier ihrer Mutter und ihrer Schwestern gehalten, um eine Halskette zu holen, die Cleo dort vergessen hatte, war dann erneut nach Hause und ins Atelier gefahren, um weitere Handtaschen und Colliers zu holen, weil ihre Mutter und ihre Schwestern es sich anders überlegt hatten. Außerdem hatte sie dafür gesorgt, dass niemand hungrig oder dehydriert war, und den Zimmerservice so oft angerufen, dass sie sich schließlich mit dem Rezeptionisten duzte.

Ihr selbst war eine Viertelstunde geblieben, um nach Hause zu eilen, sich zu schminken und ihre kurzen Locken in Form zu zwingen. Eine Minute, um ihre unspektakulär braunen Augen und ihre Sommersprossen zu beklagen, ihre Gesichtsform, so ganz anders als die klassischen Züge ihrer blauäugigen Schwestern. Fünf Minuten, um in ihr festliches Outfit zu steigen. Jedoch nicht in das Kleid einer Brautjungfer. Die Rolle hatte Vanessa allein Cleo zugedacht. Erneut. »Das ist für uns beide beruflich von Nutzen, Sylvie. Das verstehst du doch«, hatte Vanessa gesagt. Aber sicher, hatte Sylvie geantwortet und gehofft, dass ihr Lächeln ihre Enttäuschung überspielte. Insgeheim hatte sie nämlich erwartet, dass sie diesmal an der Reihe wäre. Oder dass Vanessa wenigstens zwei Brautjungfern wählen würde. Doch auf Sylvies zaghaften Vorschlag hin hatte Vanessa brüsk erklärt, heutzutage hätte man nur noch eine Brautjungfer.

Zu Hause hatte sich Sylvie in ihrem Outfit gefallen: einem grünen Seidenkleid mit passendem Jäckchen, grünen hochhackigen Schuhen und Ohrringen aus Glasperlen. Bei einer Größe von nur knapp einem Meter sechzig standen ihr weder große Muster noch verspielte Schnitte. Dann aber hatte Cleo gesagt: »Ach, du gehst als Elfe, ist ja goldig.« Ihre Mutter, ganz davon in Anspruch genommen, dem Friseur Anweisungen zu geben, wie er ihr langes Haar hochstecken sollte, hatte Sylvie nur lässig zugewunken und gesagt, sie sähe reizend aus. Das Gleiche hatte sie allerdings bereits morgens geäußert, als Sylvie noch in Jeans und T-Shirt, ihrer Arbeitskleidung, erschienen war. Vanessa hatte gar nichts gesagt und für den Fotografen posiert. Komplimente konnte sich Sylvie allein von ihrem großen Bruder erhoffen, Sebastian, der ihr von allen Familienmitgliedern am nächsten stand. Als Kind hatte sie sich immer vorgestellt, er wäre ihr Zwillingsbruder, und dabei geflissentlich die Tatsache ignoriert, dass er sieben Jahre älter war. Doch sie sahen sich ähnlich, auch heute noch. Leider war sein Flug aus Melbourne so oft verschoben worden, dass er es wohl erst zum Anschneiden der Torte schaffen würde.

Schließlich kam er doch zum Empfang um neunzehn Uhr. Sylvies Stimmung stieg in dem Moment, als er durch die girlandengeschmückte Tür trat. Sie telefonierten gelegentlich, doch gesehen hatten sie sich seit zehn Monaten nicht. Sebastian hatte auf seine geliebten Jeans mit lässigem Hemd verzichtet und trug einen dunkelblauen Anzug und eine rote Krawatte, und er hatte sein störrisches Haar zu einer für seine Verhältnisse ungewöhnlich ordentlichen Frisur gezähmt. Weil er nur knapp einen Meter siebzig groß war, wurde er oft für einen Studenten gehalten, und nicht für den erfolgreichen Sechsunddreißigjährigen, der er war. »Das liegt an meinem jungenhaften Charme, doch nicht an meiner Größe«, erwiderte er stets.

Vanessa hatte ihm zuvor am Telefon sehr deutlich zu verstehen gegeben, dass er sich dem Anlass entsprechend zu kleiden hätte. »Ich erwarte viele meiner Kunden, Sebastian, da möchte ich auf gar keinen Fall einen falschen Eindruck erwecken. Nicht wie beim letzten Mal.« Zu ihrer ersten Hochzeitsfeier war Sebastian direkt von einem Filmset im Outback gekommen, die Schuhe noch voller Sand. Vanessa hatte daraufhin wochenlang nicht mit ihm gesprochen. »Ich verstehe das ja«, hatte Sebastian zu Sylvie gesagt. »Schließlich ist es meine Schuld, dass die Ehe gescheitert ist. Wäre ich im Anzug gekommen, würden sie heute ihren fünften Hochzeitstag feiern.« Als Sylvie dann erwähnt hatte, dass die aktuelle Hochzeitsdekoration unter dem Motto »Meer« stehen sollte, hatte er augenzwinkernd erwogen, im Taucheranzug zu kommen.

Sylvie winkte, um seine Aufmerksamkeit zu erregen, doch da wurde ihr Name gerufen. Gebrüllt, genauer gesagt. Von Großtante Mill, die auf der anderen Seite des Saals am Tisch für die älteren Verwandten saß. Sie war Anfang siebzig, klein und mollig und trug ein rotes Kleid mit einem großen hellen Kragen. Ihr weißes Haar war zu einem schiefen Dutt frisiert, mit einer kecken roten Schleife im Nacken. Sie erweckte den etwas unglücklichen Eindruck eines gewaltigen Erdbeertörtchens.

Sylvie entschuldigte sich bei ihrem Tischherrn (ein Schulfreund von Vanessa, der während der letzten Stunde ausschließlich von seinem Aktien-Portfolio gesprochen hatte) und bahnte sich ihren Weg durch die Reihen der runden, prachtvoll dekorierten Tische hindurch. Allein der Tafelschmuck aus blau-weißen Blumenarrangements hatte mehr gekostet als Sylvies gesamtes Outfit. Großtante Mill nahm ihre Hand.

»Nun mach dir mal keine Sorgen, meine kleine Sylvie.«

»Wieso Sorgen, Tante Mill?«

»Dass du keinen mehr abbekommst.«

»Aber deswegen mache ich mir keine Sorgen.«

»Ach was. Natürlich geht dir das durch den Kopf, an einem Tag wie diesem. Denn fair ist das nicht, oder? Denkst du nicht, die eine Schwester ist schon längst verheiratet, und die andere tut es gerade zum zweiten Mal? Dass damit die Hochzeitsquote für deine Familie statistisch gesehen aufgebraucht ist? Es sei denn, Sebastian überrascht uns doch noch, aber Männer von seinem Schlag heiraten nicht, oder? Erlaubt ist das ja nicht. Wir alle haben es uns gedacht, schon als er noch klein war. Er hat damals bereits kleine Theaterstückchen aufgeführt und wollte dann auch noch tanzen lernen. Ist er eigentlich schon hier? Ich habe ihn noch gar nicht gesehen. Aber um ihn mache ich mir ja auch keine Sorgen, sondern um dich. Du musst doch das Gefühl haben, dass dich das Schicksal übergangen hat und du nun den Rest deines Lebens allein bleiben wirst.«

»Eigentlich nicht.«

Mill tätschelte Sylvies Hand. »Es ist schwer, die Jüngste zu sein, ich weiß. Meine jüngste Schwester Letitia, deine andere Großtante, war auch niemals glücklich. Sie hat einfach nicht ihren Platz im Leben gefunden. Du siehst ihr übrigens ähnlich. Die gleichen drahtigen Locken, das gleiche Lächeln. Vielleicht schlägst du ihr ja auch anderweitig nach. Im Lebenswandel. Nicht dass sie lange gelebt hätte. War mit vierundzwanzig schon tot, Gott hab sie selig. Die Masern. Oder waren es die Windpocken? Jedenfalls irgendetwas Geflecktes.«

»Ich gehe stramm auf die dreißig zu, Mill, meine Chancen stehen also gut. Und ich bin fit wie ein Turnschuh.«

»Natürlich, das sieht man. Du hast das rustikale Blut deines Großvaters in dir. Beste Rasse. Stark und robust wie ein kleiner Ochse.« Tante Mill beugte sich weit vor. Sylvie nahm eine leichte Sherryfahne wahr. »Deshalb habe ich dir auch etwas vorzuschlagen.«

»Du willst mich als Zuchtkuh verkaufen?«

Tante Mill lachte laut. »Das ist ja köstlich! Also, wie ich von deiner Mutter gehört habe, hast du die letzten Jahre für eine Begleitagentur gearbeitet?«

»Eine Zeitagentur, Mill.«

»Eine Zweitagentur?«

»Zeitagentur. Ich arbeite als Sekretärin bei einer Agentur für Zeitarbeit.«

»Das ist ja nichts Ehrenrühriges. Es ist sicher nicht einfach, heutzutage eine feste Stelle zu finden. Und nicht jeder wird vom Schicksal mit einer besonderen Gabe bedacht, so wie deine Mutter.

Oder deine Schwestern. Oder dein Bruder. Oder selbst dein Vater, obwohl ich ihn an einem glücklichen Tag wie diesem wohl nicht erwähnen sollte. Ich nehme an, er ist nicht zufällig auch hier? Natürlich nicht. Aber worauf ich damit hinauswollte – wir Übrigen, wir sind die Arbeitsbienen. Ich habe mein Leben lang als Haushälterin gearbeitet, wie du ja weißt, und es hat mir nicht geschadet. Wo sagtest du noch gleich, arbeitest du?«

Sylvie war versucht, »auf der Straße« zu sagen. »Im Moment arbeite ich wieder im Atelier, für Mum und Vanessa und Cleo. Ich mache die Büroarbeit.« Ein halbes Jahr zuvor hatten sie Sylvie in heller Aufregung angerufen, weil ihre Assistentin am Abend vor einer Vernissage beleidigt von dannen gezogen war. Seither hatte Sylvie den Job. Sie führte Telefonate, schrieb Briefe, kümmerte sich um die Aufträge, aktualisierte die Datenbank und machte die Ablage, daneben erledigte sie auch Botengänge, buchte Restaurants, schickte Blumen und wachte über den Vorrat an Kräutertee, Mineralwasser, Reiscrackern, Pecannüssen, Blaubeeren, Vitamintabletten und Augencreme.

»Ein Familienbetrieb. Nun, sehr gut, dann hast du damit ja Erfahrung.«

»Womit?«

»Mit der Arbeit im Familienverband.«

Das pfeifende Mikrofon unterbrach sie. Die Reden würden beginnen. Sylvie wollte ihrer Tante gerade zuflüstern, dass sie an ihren Platz zurückkehren sollte, da legte ihr Mill die Hand auf den Arm und drückte überraschend fest zu. »Ich habe dich den ganzen Tag lang beobachtet. Emsig wie eine Ameise. Eine Heldin des Alltags. Du bist die perfekte Kandidatin.«

»Ich? Wofür?«

Der Trauzeuge klopfte an sein Glas. Im Saal wurde es still. Alle Augen waren auf den Tisch des Brautpaars gerichtet. Was zur Folge hatte, dass nicht nur alle anwesenden Gäste, fünfundneunzig an der Zahl, darunter Sylvies Mutter, deren Freund, ihre drei Geschwister, zwei Schwäger, fünf bekannte Künstler aus Sydney, zwei Kunstkritiker, drei Galeristen und sechzig Mitglieder des gesellschaftlichen Umfelds der Devereaux-Familie nicht nur hören, sondern auch sehen konnten, wie sich Großtante Mill vorbeugte und lauthals verkündete: »Sylvie, ich biete dir eine Stelle als Gesellschafterin an. Wir zwei alten Jungfern könnten es uns doch so richtig gemütlich machen.«

KAPITEL 2

»Und? Du hast hoffentlich zugegriffen? Das klingt wie das Angebot deines Lebens.«

»Ich habe in aller Form abgelehnt, aber gesagt, dass du die Stelle sicher liebend gerne antreten würdest.«

Sebastian lachte. »Arme Sylvie. Du hättest dein Gesicht sehen sollen.«

»Das war gar nicht nötig. Ich konnte fühlen, wie mir die Gesichtszüge entglitten sind. Außerdem habe ich die Gesichter der anderen gesehen. Und ihr Lachen gehört.«

»Nicht alle haben gelacht.«

»Versuch erst gar nicht, es schönzureden, Seb. Natürlich haben das alle gehört. Der ganze Saal. Ganz Sydney.«

»Nur die besseren Kreise. Und jetzt eine Drehung.«

Sylvie gehorchte und machte eine elegante Drehung. Sebastian war kurz zuvor wie aus dem Nichts auf der Tanzfläche erschienen und hatte sie aus den schwitzigen Händen ihres Tischherrn gerettet. »Sie gestatten? Ich hatte bisher noch keine Gelegenheit, mit meiner kleinen Schwester zu sprechen.

Wo ist denn eure Bude? Das gemeinsame Heim von Sylvie und Mill?«

»Hat Mum dir das nicht erzählt? Vincent, ihr früherer Chef, hat ihr sein Haus hinterlassen, samt dem Inventar. Ein zweistöckiges Haus in Surry Hills. Sie ist letzten Monat eingezogen.«

Sebastian pfiff leise. »Das nenne ich eine gute Haushälterin. Verstehst du, Sylvie? Sie behält das Haus.«

»Ich hab's kapiert, Seb.«

Sylvie war Vincent nur ein einziges Mal begegnet, als Großtante Mill ihn zu einem Familientreffen mitgebracht hatte. Ein älterer Herr mit buschigen Brauen, leicht gebeugt, der sie alle nur eine Stunde lang finster angestarrt hatte und dann in einem Taxi davongefahren war. Ein bekannter Musiker und Komponist, so hieß es, früher einmal. Jazz, meinte sich Sylvie zu erinnern. Oder Blues? Vor einigen Monaten war er an einem Herzschlag gestorben. Mill hatte angerufen und von seinem Tod wie auch von ihrem Erbe erzählt. Und dabei erstaunlich vergnügt geklungen, wie Fidelma zu berichten wusste. »Kein Wunder«, hatte Vanessa naserümpfend entgegnet. »Ein Haus in dieser Gegend ist ein Vermögen wert. Da wäre ich auch vergnügt.«

»Offensichtlich war sie all die Jahre wohl mehr als seine Köchin und Putzfrau«, hatte Cleo angewidert gesagt. »Nein, ist das geschmacklos.«

»Zumindest hast du deinen peinlichen Mill-Moment hinter dir«, sagte Sebastian nach einer komplizierten Schrittfolge. »Jetzt kannst du dich entspannen und amüsieren.«

»Jetzt, wo mich jeder hier für eine alte Jungfer hält?«

»Aber wieso denn? Dir hat lediglich eine verschrobene alte Tante eine verschrobene Frage gestellt. Aber du bist nicht vor Dankbarkeit auf die Knie gefallen. *Das* wäre wirklich peinlich gewesen. Mir zumindest. Vom Rest der Familie ganz zu schweigen.«

Sie machten erneut eine Drehung, und Sylvie konnte nun in Ruhe ihre restliche Familie in Augenschein nehmen. Ihre Mutter hielt am Haupttisch Hof. Fidelma hatte mühelos von der Rolle als Mutter der Braut, die ein gewisses Maß an Zurückhaltung erforderte, zu der als Fidelma Devereaux, die berühmte Künstlerin, zurückgefunden, der dramatische Gesten und klimpernde Wimpern zustanden. Sylvie hörte förmlich, wie Fidelma nach der passenden Wendung suchte, um eine Farbe oder eine Idee zu beschreiben, die sie mit einem bestimmten Werk ausdrücken wollte. Neben Fidelma saß Ray, ihr aktueller Freund und ein nicht ganz so erfolgreicher Künstler, in der angespannten Körperhaltung eines Jagdhunds, wie immer auf dem Sprung, einen Drink, eine Zigarette, einen bequemeren Stuhl zu apportieren.

Vanessa tanzte Wange an Wange mit ihrem neuen Ehemann, fünf Paare entfernt. Ihr himmelblaues Kleid mit seinem eleganten Schnitt wogte und glänzte im Licht. Ihr langes blondes Haar bildete den perfekten Kontrast. Der Fotograf war ihnen auf den Fersen und machte unentwegt Aufnahmen.

Cleo, Sylvies andere Schwester, stand mit ihrem Ehemann, einem Rechtsanwalt, an der Bar. Cleo hielt die Hand mit einem dramatischen Ring am Finger recht auffällig von sich gestreckt. Sie machte den ganzen Abend schon Werbung für sich und ihren Silberschmuck, den sie an Fingern, Handgelenken und Hals präsentierte. Außerdem funkelten mehrere glänzende Haarnadeln in ihren blonden Locken. Sylvie hatte mitbekommen, dass Cleo bereits zwei Termine mit Neukunden vereinbart hatte.

»Und jetzt zurücklehnen, Sylvie.«

Sylvie lehnte sich zurück. Sebastian hatte ihr schon als Kind das Tanzen beigebracht, wenige Monate, bevor er mit ihrem Vater die Familie verlassen hatte und nach Melbourne gezogen war. Sebastian frischte ihre Kenntnisse bei jedem seiner Besuche in Sydney auf, um sich dabei gleichzeitig alle Neuigkeiten berichten zu lassen. Auch diesmal hatten sie sich viel zu erzählen. Sebastian war bei drei Filmen und zwei Theaterstücken für das Lichtdesign zuständig. Sein Besuch fiel entsprechend kurz aus. Gleich am nächsten Morgen musste er wieder nach Melbourne fliegen.

Die Musik ging in einen ruhigen Walzer über. »Das ist die Gelegenheit«, sagte Sebastian. »Musik, bei der man sich unterhalten kann. Aber bevor wir loslegen – Dad lässt dich grüßen.«

»Ach ja?«

»Komm, sei nicht so.«

»Wie denn?«

»Du bist steif wie ein Brett. So kann man nicht tanzen.«

»Grüß ihn bitte zurück.«

»Das klingt begeistert, kommt so richtig von Herzen.«

»Was soll ich denn sonst sagen?« Sylvie verstand nicht, warum ihr Bruder ihr in letzter Zeit immer wieder Grüße von ihrem Vater, dem sie sich schon lange entfremdet hatte, übermittelte. Sie fragte sich sogar, ob sie wirklich von ihm waren. »Für uns liegen die Dinge anders, Seb. Für uns war es härter.«

»Natürlich doch. Ihr armen Dinger. Wie konnte ich das vergessen.«

»Nun sei doch nicht gleich wütend.«

»Ich bin nicht wütend. Wirklich nicht. Aber lass uns das Thema wechseln. Ich will hören, was passiert ist, und zwar alles.«

»Du zuerst. Ich hab dich monatelang nicht gesehen.«

»In aller Kürze? Arbeit, großartig. Heim und Haus, großartig. Sozialleben, großartig. Jetzt du.«

»Sozialleben großartig? Hast du jemanden kennengelernt?«

»Wir sind nicht hier, um über mich zu sprechen.«

»Also doch! Wer ist dieser Er? Und wo?«

»Irgendwer. In Melbourne.«

»So leicht kommst du mir nicht davon.«

»Ich bin älter als du, also kann ich tun und lassen, was mir beliebt. Du bist dran. Fang mit der Arbeit an. Und sag bitte nicht, du bist noch immer in der Union Street.« Union Street war die familieninterne Bezeichnung für das gemeinsame Atelier der Mutter und der Schwestern, eine umgebaute Lagerhalle im Osten von Sydneys Stadtzentrum.

Aber seit Fidelma einen neuen Namen geträumt hatte, nannten sie, Vanessa und Cleo, es nur noch Avalon.

»Ich bin noch in der Union Street.«

»Du hast mir versprochen, dort aufzuhören. Du kannst arbeiten, wo du willst, nur nicht dort.«

»Ich bin ja auch gegangen. Und jetzt bin ich wieder dort.« Sebastian verzog das Gesicht. Sylvie rechtfertigte sich: »Ich musste, Seb. Ich wurde gebraucht. Mum hat mich vollkommen panisch angerufen.«

»Aus demselben Grund wohnst du auch wieder zu Hause?«

Wieder im Elternhaus in Rushcutters Bay, in ihrem alten Zimmer. Sie schlief sogar wieder in ihrem alten Bett. »Ich weiß, ich habe gesagt, ich ziehe nie wieder zurück, aber meine Mitbewohnerin ist nach Brisbane gegangen, und als Mum dann angerufen hat …«

»Und gesagt hat, dass es mal wieder zwischen ihr und Ray aus wäre und sie es nicht ertragen könnte, nachts allein in dem großen Haus zu sein, da konntest du nicht Nein sagen, oder?«

»Ganz so war es nicht.« Es war genau so gewesen.

»Und wie sieht es mit Freundschaften aus? Oder hast du deine Freunde auch aus deinem Leben verbannt?«

»Ich habe jede Menge Freunde«, sagte sie betroffen. Doch das stimmte nicht. Sie hatte Freunde aus dem Kunststudium, das sie als Neunzehnjährige an der Universität von Sydney begonnen hatte, aber das war mittlerweile zehn Jahre her, und Bekannte, denen sie bei ihren Studentenjobs in Bars und Cafés begegnet war. Außerdem Kollegen aus der Zeitarbeitsagentur, für die sie sechs Jahre lang tätig gewesen war. Aber sie alle waren mit Heiratsplänen oder mit dem Nachwuchs beschäftigt, und damit, sich in ihrem Leben einzurichten. Sie war der einzige Single in ihrem Bekanntenkreis.

»Dein Liebesleben ist also entsprechend aufregend und erfüllend?«

Sylvie war froh, dass sie ihrem Bruder beim Tanzen nicht in die Augen sehen musste. Ihr Liebesleben glich einer Wüste. »Seit David herrscht Flaute.«

»Der miese David? Das ist doch Monate her. Seitdem niemand? Hast du dich wenigstens mal verabredet? Freunde gebeten, dich zu verkuppeln? Dich angepriesen?«

»Nein, nein, nein und nein. Und außerdem dürfte ich es niemals wagen, dir solche Fragen zu stellen.«

»Stimmt. Drehung.« Sie machten eine Drehung. »Hast du denn mal eine Pause eingelegt, seit wir uns das letzte Mal gesehen haben? Du weißt schon, ich meine diese altmodische Einrichtung namens Urlaub?«

»Nein«, sagte sie nur.

»Sylvie, bitte geh in die Küche und hol mir zwei Löffel.«

»Wieso?«

»Anscheinend bin ich gerade rechtzeitig gekommen. Die Dinge liegen ja noch schlimmer, als ich befürchtet hatte. Wir graben dir jetzt einen Fluchttunnel, gleich hier auf der Tanzfläche. Wie in *Gesprengte Ketten.* Oder verwechsle ich das mit *Chicken Run – Hennen Rennen*? Wie auch immer, du brauchst Unabhängigkeit. Einen Neubeginn. Freiheit und Gerechtigkeit.«

»Jetzt zitierst du aus einem Theaterstück, oder?«

Er grinste. »Das mit der Freiheit und Gerechtigkeit, ja. Aber ich mache mir ernsthaft Vorwürfe. Ich habe dich dieses Jahr vernachlässigt.«

»Hast du nicht. Und ich muss auch nicht gerettet werden. Ich habe gern viel um die Ohren.«

»Du hast schon mehr als viel um die Ohren. Das sehe ich dir doch an. Bei dir steht ›gestresst‹ auf der Stirn, und zwar in Großbuchstaben.«

Sylvie rieb sich unbewusst die Stirn. »Wir hatten dieses Jahr viel zu tun. Drei Ausstellungen. Cleos neue Schmucklinie. Vanessas Auslandsaufträge.«

»Also nehme ich an, die anderen hatten auch keinen Urlaub?«

Fidelma war fast jedes Wochenende in ihrem Ferienhaus an der Küste gewesen. Cleo zweimal in Paris. Vanessa in Vietnam und Hongkong. Auf der Suche nach Inspiration, hatte es jedes Mal geheißen.

»Du brauchst gar nichts zu sagen, die Antwort steht dir im Gesicht«, entgegnete Sebastian. »Und du behältst währenddessen das Herdfeuer im Auge? Achtest darauf, dass die Bürolichter niemals erlöschen?«

»Es gab viel zu tun. Und ich wollte es vernünftig erledigen.«

»Wirst du wenigstens auch vernünftig bezahlt?«

»Es geht. Die meisten Einkünfte fließen ja gleich wieder ins Geschäft.«

»Gleich wieder in die Urlaubskasse, meinst du wohl. Sylvie, warum lässt du dich immer wieder darauf ein? Jedes Mal, wenn du versuchst, dich loszueisen, fängt Mum dich wieder ein. Und was Heckle und Jeckle angeht …«

Sylvie genoss es, wenn Sebastian für ihre Schwestern den Spitznamen aus Kindertagen gebrauchte. Besonders, wenn er ihn in Gegenwart der beiden gebrauchte.

Aber er lachte nicht. »Ich scherze nicht, Sylvie. Sie sind weder gut zu dir noch gut für dich. Du musst da weg.« Er führte sie geschickt durch eine komplizierte Schrittfolge. »Damals, als du klein warst, konnte ich nichts tun. Heute jedoch kann ich sehr wohl etwas tun. Ich fliege dich aus. Ich entführe dich. Du kommst mit mir nach Melbourne.«

»Wirklich? Großartig. Ich hole nur schnell meinen Koffer.«

»Das war kein Witz. Das meine ich sehr ernst.«

»Du bist irre. Ich kann doch nicht einfach nach Melbourne ziehen, Seb. Ich arbeite hier. Ich lebe hier.«

»Das nennst du leben? Zu Hause, den Launen deiner Mutter ausgeliefert? Und du arbeitest auch nicht, sondern bist zu lebenslanger Fron verdammt.«

»Es ist doch alles bestens.«

»Ist es nicht. Ich habe dich den ganzen Abend beobachtet. Du hast wieder diesen Gesichtsausdruck, so wie früher. Nämlich so.« Er verzog das Gesicht zu einer besorgten, verstörten Miene.

Er hatte es genau getroffen. Sylvie war, als sähe sie in einen Spiegel. Sie rang sich ein Lächeln ab. »Das ist ja ein ganz netter Vorschlag …«

»Ein ganz netter Vorschlag?«

»Ein wirklich netter Vorschlag. Aber ich kann nicht alles stehen und liegen lassen. Mum braucht mich doch.«

»Sylvie, darf ich ganz offen sein? Hast du schon mal vom Aschenputtel gehört? Dem Mädchen, das zur Dienstmagd seiner bösartigen Familie wurde? Denn dazu wirst du allmählich.«

»Werde ich nicht. Ich sitze nicht am Ofen.« Sie wies auf ihre Füße. »Und ich trage auch keine goldenen Pantoffeln.«

»Aber sie behandeln dich so. Mum macht das nicht vorsätzlich. Sie ist egozentrisch, aber nicht gemein. Bei Heckle und Jeckle ist das anders. Ich kann mir genau vorstellen, wie das heute gelaufen ist – hol dies, tu das. Hab ich recht?«

Sylvie wusste, dass ihre Miene sie verriet. »Heute war eine Ausnahme.«

»Inwiefern? Weil sie dich zur Kenntnis genommen haben? So reden sie doch immer mit dir, ob eine Hochzeit ansteht oder nicht. Sie erdrücken dich, Sylvie. So war es in Kindertagen, und so ist es auch heute noch. Du musst da weg. Warum lässt du dir das gefallen?«

»Hab ich doch gesagt. Ich habe gern viel um die Ohren.«

»Sicher, aber man kann sich auch wie ein Hamster im Rad abstrampeln. Ich mache mir Sorgen um dich.«

»Brauchst du aber nicht.«

»Mache ich aber, jetzt und immer. Das mit

Melbourne war mir ernst, Sylvie. Außerdem ist Eigennutz dabei im Spiel. Ich muss nämlich nächsten Monat drei Wochen lang zu einem Filmdreh und brauche einen Housesitter, jemanden, der meine Pflanzen gießt und meine Nachbarn in Schach hält. Ich hatte jemanden, aber er hat diese Woche abgesagt. Ich wollte schon eine Anzeige aufgeben, aber das hat sich ja jetzt erledigt. Du wärst perfekt. Und du würdest mir einen großen Gefallen tun.«

»Das denkst du dir doch bloß aus.«

»Das tue ich nicht. Ich zeige dir den Entwurf für die Anzeige.«

»Aber ich kann die anderen doch nicht einfach im Stich lassen.«

»Im Stich lassen? Vanessa gönnt sich einen ganzen Monat lang Flitterwochen. Mum fährt ins Strandhaus, um zu malen.« Fidelmas Lieblingsausdruck, »das Refugium«, gebrauchte er nie. »Cleo macht, soweit ich weiß, auch Urlaub. In Byron. Oder Palm Beach. Jedenfalls an irgendeinem schicken Badeort.«

»Ach ja?« Sylvie gegenüber hatte Cleo davon nichts erwähnt. »Das wäre doch die Gelegenheit, abzuarbeiten, was liegen geblieben ist«, sagte sie betont heiter. »Die Ablage stapelt sich. Und ich muss eine neue Datenbank erstellen.«

»Darf ich dir eine direkte Frage stellen?«

»Waren die anderen etwa nicht direkt?«

Er ignorierte ihren Sarkasmus. »Bist du glücklich, Sylvie? Mit deiner Arbeit? Deinem Zuhause? Deinem Leben?«

»Über die Maßen.« Entsetzt spürte Sylvie, dass ihr Tränen in die Augen stiegen. Sie blinzelte sie rasch fort. »Das liegt am Champagner. Mir geht es bestens. Allerbestens.«

»Das liegt nicht am Champagner.« Er zog sie von der Tanzfläche und setzte sie auf einen Stuhl. »Das hast du schon als Kind immer gesagt, wenn Mum und Dad sich angeschrien haben. ›Mir geht es bestens. Allerbestens.‹ Das hattest du aus irgendeiner englischen Fernsehserie. *Das Haus am Eaton Place* oder so.«

Das stimmte tatsächlich. Sylvie brachte ein Lächeln zuwege. »Nun, mir geht es in der Tat bestens. Allerbestens.« Sie sagte es in der übertriebenen Sprache einer Schauspielerin.

Sebastian zog sich einen Stuhl heran und setzte sich zu ihr. »Ich habe dir damals schon nicht geglaubt und tue es auch heute nicht. Aber was ist denn? Was ist denn los?«

Es musste am Champagner liegen, gepaart mit Erschöpfung und der Besorgnis ihres Bruders, aber auf einmal brach es aus ihr heraus: »Es ist albern. Vielleicht habe ich mich ja geirrt. Es falsch verstanden.«

»Was falsch verstanden?«

»Mum.«

»Nun erzähl schon.«

Sylvie hatte es nicht falsch verstanden. Ihre Mutter hatte zuvor einem Gast die Familienverhältnisse erklärt. Einem Galeristen, wie Sylvie vermutete, auf jeden Fall jemand Wichtigem aus dem Kunstbetrieb. Fidelma hatte auf Cleo gewiesen, dann auf Vanessa, die schöne Braut, gesagt, dass Sebastian auf dem Weg von Melbourne wäre. »Sie haben doch sicher von ihm gehört?« – »Aber gewiss doch«, hatte der Mann geantwortet. Fidelma hatte Cleos, Vanessas und Sebastians Erfolge aufgelistet, davon geschwärmt, was für eine Wonne es wäre, in einem Künstlerhaushalt zu leben. Das alles hatte Sylvie schon oft bei Interviews gehört. »Und Ihre andere Tochter?«, hatte der Mann gefragt. »Sie haben doch drei Töchter, oder?«

Sylvie zögerte, bevor sie fortfuhr. »Und dann hat Mum zu ihm gesagt: ›Ach, Sylvie, meine Jüngste. Na ja, sie leistet eigentlich nichts.‹«

»Ich bring sie um«, sagte Sebastian.

»Aber es stimmt doch, Seb. Ich leiste nichts. Ich mache nichts von Bestand.«

»Du arbeitest viel härter als die anderen. Du hast

einen Universitätsabschluss. Du hast seit deinem Studium gearbeitet. Der einzige Unterschied ist, du machst nicht so ein Getöse darum.«

Seine Wut überraschte Sylvie. »Sie hat ja nicht unrecht. Aber du auch nicht. Ich bin wohl doch das Aschenputtel. Schau dir unsere Familie an, Seb. Künstlerin, Modemacherin, Schmuckdesignerin, Beleuchtungsgenie, Sekretärin. Fällt dir auf, wer da aus der Art schlägt?«

»Du bist keine schlichte Sekretärin, und das weißt du auch. Wie lautete noch gleich der Name dieser ausgesprochen erfolgreichen Zeitarbeitsagentur, für die du gearbeitet hast? Das klang doch ein wenig nach einem Bordell, oder?«

»Die Entspannungsmanager.« Die Agentur war auf Notfälle spezialisiert, wenn auf höchster Ebene Hilfe im Sekretariat benötigt wurde, und die Kundschaft umfasste wichtige Geschäftsleute ebenso wie Regierungsministerien. Sylvie war vier Mal in Folge Angestellte des Jahres geworden. Ihre Chefin Jill wartete nur darauf, dass sie zurückkam.

»Also hättest du ein Sicherheitsnetz, oder? Falls du die Union Street verlassen wolltest?«

»Ja, aber ich brauche kein Sicherheitsnetz.«

»Stimmt, du brauchst eher eine Notrutsche.« Sebastian schwieg einen Moment lang nachdenklich. »Erinnerst du dich noch an früher, als ich dich auf

Schatzsuche geschickt habe? An all die Mutproben?«

»Natürlich. Einmal musste ich sogar einen Wurm essen, weißt du noch?«

»Musstest du nicht. Du hattest den Hinweis falsch verstanden.«

Für Sylvie hatte es nichts Schöneres gegeben, als Schatzsuche zu spielen. Sebastian hatte sich das als Geburtstagsgeschenk für sie ausgedacht, als sie acht Jahre alt wurde. Danach hatten sie es sechs Jahre lang gespielt. Sebastian hatte Aufgaben für Sylvie erfunden, die sie aus geheimnisvollen Hinweisen erraten musste. Meistens hatte es etwas mit ihren Lieblingsbüchern zu tun. Manchmal hatte Sylvie Tage benötigt, einen Rätselspruch zu knacken. Manchmal hatte Sebastian sie eine Mutprobe absolvieren oder aber etwas tun lassen, was ihr besonderen Spaß machte. In einem Jahr hatte sie sich einen Unterstand aus Bettlaken und einem Klappstuhl bauen müssen, und zwar auf dem Dach. Ein andermal hatte Sebastian sie aufgefordert, im Garten eines benachbarten Hauses zu schlafen, in dem es angeblich spukte. Zu seiner Verblüffung hatte sie die ganze Nacht lang durchgehalten.

»Hiermit rufe ich erneut die Tage der Schatzsuche aus, Sylvie Devereaux! Die Mutprobe lautet: Ziehen Sie nach Melbourne!«

Sylvie lachte. »Kein schlechter Versuch. Aber du hast die Hinweise vergessen. Und außerdem bin ich kein Kind mehr.«

»Wechsle nicht das Thema. Na komm. Es ist eine Mutprobe. Nur für ein paar Wochen. Betrachten wir es als Testlauf. Als Urlaub. Als Ausweg.«

»Betrachten wir es doch als Irrsinn. Ich habe hier zu tun.«

»Sonst hält dich hier nichts?«

»Nein, aber …«

»Dann warte kurz.«

Sebastian ging zu ihrer Mutter, dann zu Vanessa und schließlich zu Cleo. Alle drei hörten ihm zu und nickten. Sie lächelten, lachten sogar. Fünf Minuten später setzte er sich wieder zu Sylvie. »Alles geklärt. Du kommst mit nach Melbourne.«

»Wirklich? Mal eben so? Was hat Mum gesagt?«

»Willst du das wirklich wissen?«

Sylvie nickte.

»Sie hat nicht mit der Wimper gezuckt. Als ich gesagt habe: ›Sylvie möchte aber ungern die Arbeit im Stich lassen‹, hat sie gesagt: ›Ach, dann nehmen wir eben jemanden von einer Agentur. So schwierig ist das ja nicht.‹«

Die Worte waren ein Schlag ins Gesicht. »Und wie ist das bei dem Gedanken, dass sie dann wieder ganz allein in dem großen Haus wäre?«

»Ray hat währenddessen die Nummer mit dem Nervenden Nackenkraulen abgezogen.« Sebastian hatte den Ausdruck bei seinem letzten Besuch in Sydney erfunden. »Sieht also aus, als wärst du auch auf diesem Gebiet befreit.«

»Und Vanessa und Cleo?«

»Fanden es eine großartige Idee. Haben gesagt, das würde dir guttun.«

Sylvie fühlte sich bevormundet, bezwungen, aber auch angespornt. Natürlich hatte sie insgeheim gehofft, ihre Schwestern würden entsetzt auf Sebastians Vorschlag reagieren und sie bestürmen: »Aber Sylvie, was sollen wir denn ohne dich machen?« Doch Vanessa und Cleo schienen schon wieder in eine lebhafte Unterhaltung mit Freunden vertieft, so als ob Sebastians Ansinnen sie überhaupt nicht berührt hätte. Da hatte Sylvie viele lange Tage, Nächte und Wochenenden für sie geschuftet und geglaubt, sie hätten bemerkt, wie sehr sie ihnen das Leben erleichtert und dass sie das Atelier in Schwung gehalten hatte!

Als sich Sylvie wieder umdrehte, ging ihre Mutter gerade anmutig zum Fenster und stellte sich genau in den Rahmen. Die geschwungenen Formen des Opernhauses bildeten eine wirkungsvolle Kulisse für ihr fließendes Kleid und das üppige Haar. Zufall war dieser Auftritt nicht. Fidelma wusste genau, wie man sich in Szene setzte. Ray trat neben sie und begann wieder mit dem nervenden Nackenkraulen. Sebastian hatte recht, Ray und Fidelma hatten ihre wechselvolle Beziehung eindeutig wieder aufleben lassen. Was hieß, dass Ray bald wieder zu ihnen ziehen, das Kommando in der Küche übernehmen und sämtliche Sätze mit »Fidelma hat mich gebeten, dich zu bitten …« beginnen würde.

Zwei Tische weiter führte Großtante Mill mit lauter Stimme das Wort. »Ich weiß wirklich nicht, warum alle gelacht haben«, sagte sie. »Mir ist das vollkommen ernst, sie soll meine Gesellschafterin werden. Ich glaube, wir beide kämen sehr gut miteinander aus.«

Sebastian sah Sylvie eindringlich an. »Und?«

Sie stand auf. »Ich bin so weit.«

Kapitel 3

Sylvie machte bereits die dritte Runde durch Sebastians Apartment in Melbourne, nachdem er am Morgen aufgebrochen war.

Das Apartment lag im zweiten Stock einer umgebauten Villa aus roten Klinkern, nur zwei Straßen vom Botanischen Garten entfernt. Sebastian war vor acht Monaten eingezogen, zuvor hatte er jahrelang mit anderen Theaterleuten in Wohngemeinschaften gelebt. Dabei wirkte das Apartment mit seinen hohen Decken, Erkerfenstern, den glänzenden Holzdielen und Stuckdecken selbst wie ein Bühnenraum.

»Falls irgendjemand eines Tages eine Doku über mein Leben drehen will, es ist alles bereit«, hatte Sebastian während seiner Führung zu Sylvie gesagt. Das Sofa stammte aus dem Bühnenbild eines Stückes von Oscar Wilde, an dessen Produktion er beteiligt gewesen war, der Kronleuchter aus einer modernen Shakespeare-Inszenierung. Die Gemälde waren aus der Bühnendekoration einer Oper. Der Spiegel gehörte zu einem Musikvideo. Im Eingangsbereich hingen unzählige gerahmte Fotografien von Freunden und Verwandten. In einem der Schlafzimmer stand ein Futon, im anderen ein aufwendig geschnitztes Kastenbett, in beiden Räumen lagen opulente rote Teppiche. Das Apartment vermittelte den Eindruck einer wilden Mischung aus Flohmarkt, Antiquitätenhandel und Theaterfundus. Sylvie war begeistert.

Sie war dann doch erst eine Woche nach der Hochzeit umgezogen. Sebastian hatte um etwas Zeit gebeten, um zu packen und sich auf die Dreharbeiten vorzubereiten. Sylvie hatte die Tage in Sydney genutzt, um das bereits hervorragend organisierte Büro in der Union Street noch besser zu organisieren und Notizen und Anweisungen für die Aushilfskraft zu hinterlassen. Sie hatte sich mit Bekannten zu Abschiedsessen und Abschiedsdrinks getroffen, mit Jill, ihrer Chefin bei den Entspannungsmanagern, zu Mittag gegessen. Jill hatte dringend um Sylvies Kontaktdaten gebeten. Sie wollte selbst in den nächsten Wochen nach Melbourne fliegen und Sylvie dann treffen.

»Ich kann Sie mir in Melbourne sehr gut vorstellen«, hatte sie zu Sylvie gesagt. »Wollen Sie denn länger bleiben?«

»Erst einmal nur einige Wochen. Mit der Option, längerfristig zu planen.« Sylvie war sich bei ihren Worten sehr mutig vorgekommen. »Ich will mich gleich mit Zeitarbeitsagenturen und Maklern in Verbindung setzen.«

Jill war beeindruckt. »Sie legen ja schon wieder richtig los.«

»Das habe ich vor«, hatte Sylvie gesagt und sich dabei heimlich unter dem Tisch selbst die Daumen gedrückt.

Vanessa, Cleo und ihre Mutter hatten Sydney am Tag nach der Hochzeit verlassen. Vanessa hatte eine Nachricht auf den Anrufbeantworter gesprochen, um Sylvie eine gute Reise zu wünschen und sie zu bitten, dafür zu sorgen, dass die Messebestellungen versandt würden. Cleo hatte ebenfalls eine Nachricht hinterlassen. Sie hatte Sylvie viel Spaß gewünscht und sie gebeten, vor ihrer Abreise noch einige Sachen aus der Reinigung zu holen. Ihre Mutter hatte mit ihr zum Abschied einen Kaffee getrunken und die ganze Zeit davon geschwärmt, wie großartig es wäre, Ray wieder in ihrem Leben zu haben.

Die einzige Verwandte, die sich wirklich für Sylvies Melbourne-Pläne interessierte, war Großtante Mill. Sie hatte ihr auf den Anrufbeantworter gesprochen, früh am Morgen oder abends, wenn Sylvie noch nicht oder nicht mehr im Büro war.

»Wie ich höre, machst du einen kleinen Abstecher nach Melbourne, um bei Sebastian ein wenig zu urlauben. Ausgezeichnete Idee. Wir werden nämlich viel zu tun haben, wenn du zurückkommst – Vincent hat Berge von Kartons hinterlassen, die wir sichten müssen –, mir ist es also nur recht, wenn du dann ausgeruht bist.«

»Sylvie, ich habe endlich einen Gärtner gefunden, also kümmert sich jemand um das Äußere, während wir beide uns dann im Haus zu schaffen machen. Vincent war leider kein großer Gärtner, obwohl er Bäume gemocht hat.«

»Ich wollte schon den Maler bestellen, um dein Zimmer streichen zu lassen, Sylvie, aber vielleicht willst du dir die Farbe ja lieber selbst aussuchen. Im Moment sind die Wände blau. Der Blick aus dem Fenster ist sehr schön. Man sieht die ganze Stadt. Und im Garten steht ein Feigenbaum. Früher habe ich davon immer eine köstliche Marmelade gemacht. Vincents Lieblingssorte.«

»Du fliegst morgen, richtig? Dann wünsche ich dir eine gute Reise. Wird es dort auch warm genug sein? Vincent konnte Melbourne nicht ausstehen, er hat dort immer gefroren. Ich habe ja Sebastians Nummer und melde mich, falls nötig.«

Jede ihrer Nachrichten endete mit demselben Satz. »Rückruf nicht nötig.«

»Rückruf *sehr* nötig. Du musst Klartext mit ihr reden«, hatte Sebastian gesagt, nachdem Sylvie ihm von den Anrufen erzählt hatte. »Ruf sie an und sag ihr: ›Danke nochmals für das Angebot, aber ich werde nicht zu dir ziehen, du wunderlicher alter Kauz.‹«

»Sie ist kein wunderlicher alter Kauz.«

»Für sie wurde der Ausdruck wunderlicher alter Kauz geprägt.«

»Sie ist nur einsam. Vincent muss ihr wirklich sehr fehlen. Und ich will sie auf keinen Fall verletzen.«

Sylvie hatte immer Mitleid für Mill empfunden. Sie wirkte in der Gegenwart anderer stets ein wenig verloren und wurde bei Familientreffen meist ignoriert, dabei reagierte sie immer als Erste auf Einladungen. Fidelma hatte sich nur vage darüber geäußert, wer sie eigentlich war. Sie war die Schwester ihrer verstorbenen Großmutter, erinnerte sich Sylvie schließlich. Oder eine Cousine? Sie hatte sie der Einfachheit halber immer Großtante genannt. Mill hatte, bis sie Vincents Haus geerbt hatte, in einer kleinen Wohnung in Newtown gelebt und war vierzig Jahre lang täglich quer durch ganz Sydney gefahren, um an sechs Tagen die Woche als Köchin und Putzfrau bei Vincent zu arbeiten. Bei Familientreffen erschien sie jedes Mal mit großen Plastikdosen voller selbst gebackener Kekse, Kuchen und kunstvoll glasierter Torten.

Sylvie rief schließlich doch zurück und hinterließ eine höfliche Nachricht. »Danke für deine Anrufe, Mill. Ich weiß noch nicht genau, wie lange ich in Melbourne bleiben werde, aber ich melde mich, sobald meine Pläne Gestalt annehmen.«

Was für Pläne?, fragte sie sich, als sie noch einmal durch Sebastians Apartment ging – mit einem nervösen Flattern im Magen. All der Wagemut, der sie im Vorfeld beflügelt hatte, hatte sich verflüchtigt. Die Vorstellung, allein in Melbourne zu sein, machte ihr keine Angst. Sie kannte die Stadt von den zahlreichen Ausstellungseröffnungen Fidelmas, zu denen sie im Laufe der Jahre gekommen war. Sie hatte vor etwas anderem Angst. Davor, dass die Wirklichkeit nicht dem Wunschbild entsprechen würde.

Melbourne war nach der Scheidung ihrer Eltern ihr Traumland geworden. Anfangs hatte Sebastian ihr von dort fast jede Woche eine Postkarte geschickt. Sylvie hatte jede einzelne aufbewahrt, sie hatten fast eine ganze Wand bedeckt. Und immer, wenn sie mit ihrer Mutter oder ihren Schwestern Streit gehabt hatte, hatte sie sich ausgemalt, bei Sebastian und ihrem Vater in Melbourne zu leben: die grüne Straßenbahn – mit ihr fuhren sie und

Sebastian zur Schule. Die lange Straße, Swanston Street – dort gingen sie sonntags spazieren, Sebastian auf der einen, ihr Vater auf der anderen Seite. Sie hatte sich vorgestellt, wie sie im Winter auf dem Yarra Boot fuhren und im Sommer am Strand von St. Kilda picknickten. Wie sie zu Theateraufführungen ins Arts Centre gingen, zu Footballspielen in den Melbourne Cricket Ground. Sie war das einzige Mädchen in ihrer Schulklasse, das sämtliche australische Footballteams kannte. Das hatte sie jedoch für sich behalten. Wie alles, was mit ihrem geheimen Leben in Melbourne zu tun hatte. Nicht einmal Sebastian wusste davon.

Er hatte sie liebevoll in der Wirklichkeit willkommen geheißen, sie mit einem Schild am Flughafen erwartet, Schirmmütze auf dem Kopf, und dann nach draußen begleitet, wo eine Limousine gestanden hatte. »Aschenputtel kommt schließlich nicht jeden Tag«, hatte er gesagt. Später hatte er ihr gestanden, dass er sich den Wagen von einem Freund geliehen hatte.

Sie hatten vor seiner Abreise noch zwei Tage gemeinsam verbracht. Er war mit ihr in den Botanischen Garten gegangen und hatte ihr dort Kaffee und Kuchen spendiert. Die Bäume zeigten schon die ersten zarten Spuren von herbstlichem Rot und Gold. Sie waren durch die Straßen in seinem Viertel gegangen und hatten sich die Geschäfte in South Yarra, Richmond und Prahran angeschaut. Sie hatten sich mit seinen Freunden in der Milchbar, im Waschsalon, in dem griechischen und dem thailändischen Restaurant sowie in der japanischen Nudelbar ganz in der Nähe getroffen.

Besonderen Wert hatte Sebastian darauf gelegt, dass sie ihn zu einer kleinen Buchhandlung begleitete, drei Straßen von seiner Wohnung entfernt. Der Besitzer, ein freundlicher, grauhaariger Schotte um die vierzig, hatte erfreut aufgesehen, als sie das Geschäft betraten.

»Das ist sie also, Don«, hatte Sebastian gesagt und den Arm um Sylvie gelegt. »Sylvie – Donald. Donald, meine kleine Schwester Sylvie. Sie ist meine Abgesandte hier auf Erden, während ich fern bin, also zolle ihr bitte den Respekt und die Achtung, die du mir normalerweise zukommen lassen würdest.«

»Willkommen, Sylvie«, hatte Donald gesagt, sich auf Sebastians Vorlage eingelassen und ihr galant die Hand geküsst. »Du kannst jederzeit herkommen. Sebastians Schwester ist, Moment, wie lautete das Sprichwort noch gleich?« – er hatte eine kleine Pause gemacht – »hoffentlich nicht so anstrengend wie ihr Bruder.«

»Du wirst mich sehr wohl vermissen«, hatte Sebastian gesagt und sich suchend umgeschaut. »Ist Max nicht da?«

»Hat heute frei, Seb, tut mir leid. Ich sag ihm, dass du hier warst.«

Als Donald sich abwandte, um einen Kunden zu bedienen, hatte Sebastian leise zu Sylvie gesagt: »Ich wollte unbedingt, dass du Max kennenlernst. Er ist ein sehr guter Freund von mir. Ihn habe ich auch gebeten, auf dich aufzupassen.«

Sebastians Tonfall hatte Sylvies Aufmerksamkeit erregt. Ein sehr guter Freund? Ein mehr als guter Freund? Etwa der Jemand, den Sebastian neulich kennengelernt hatte? Ihrem Bruder war es schon immer gelungen, ihr sämtliche Intimitäten zu entlocken, während er vollkommen verschlossen blieb. Aber er hatte gerade wohl doch mehr verraten, als ihm bewusst war.

»Ich freue mich darauf, ihn irgendwann kennenzulernen«, hatte sie erwidert.

Zum Abschied war Sebastian mit ihr in ein kleines italienisches Restaurant gegangen. Die handschriftliche Menükarte war zehn Seiten lang. Sebastian war entgeistert, als Sylvie ihn bat, für sie zu bestellen. »Du verstehst nichts von italienischem Essen?«

»Natürlich. Aber du bist der Connaisseur.«

»Dann wird es Zeit, dass du auch einer wirst. Italienisches Essen gehört zu den großen Freuden des Lebens, Sylvie.«

»Ich dachte, das gilt nur fürs Tanzen.«

»Das gilt für Essen – jede Art von Essen, nicht nur italienisches –, Tanzen, Liebe und Schlaf. Mehr braucht man nicht zum Glücklichsein.«

Sylvie aß gerne gut, und sie kochte auch gerne. Sie war nur ein wenig aus der Übung gekommen, seit sie wieder bei ihrer Mutter lebte. Außerdem hatte Fidelma gerade eine neue Lebensmittelallergie entwickelt.

Sebastian hatte eine Augenbraue hochgezogen. »Etwa die Art von Allergie, wegen der du früher kein Haustier halten durftest?«

Sylvie hatte vergessen, wie gut Sebastians Gedächtnis funktionierte. Als Siebenjährige hatte sie ein imaginäres Kätzchen gehabt, eines, auf das ihre Mutter nicht allergisch reagierte. Sie hatte es Silky genannt, nach einer Elfe in ihrem Lieblingsbuch von Enid Blyton. Silky hatte auf wundersame Weise wenige Wochen später Junge bekommen, die Sylvie alle nach Figuren aus Büchern nannte. Einmal hatten fünfzehn imaginäre Kätzchen in ihrem Kinderzimmer gelebt.

»Seb, warum hast du eigentlich einen solchen Hass auf Mum?«, fragte sie.

»Ich habe überhaupt keinen Hass auf Mum. Ich

finde sie sogar ausgesprochen amüsant. Was ich allerdings hasse, ist die Tatsache, dass sie dich dermaßen drangsaliert.«

»Das tut sie nicht.«

»Nein, natürlich nicht. Aber selbst wenn, damit ist Schluss. Schließlich habe ich dafür gesorgt, dass sie ihre süße kleine, allergische Nase nicht mehr in deine Angelegenheiten stecken kann. Also, erzähl, was hast du die letzten drei Male gekocht?«

»Für Mum und mich?«

»Egal für wen.«

Sylvie dachte nach. »Pasta mit Tomatensauce. Gemüsesuppe. Tofu mit gedünstetem Gemüse.« Fidelma hatte ihre vegetarische Phase. Ein halbes Jahr zuvor noch hatte sie ausschließlich gedünsteten Fisch gegessen. Davor nur gegrilltes Biofleisch.

»Und nicht ein einziges Gewürz oder Kräutlein? Du bist, was du isst, Sylvie. Kein Wunder, dass dein Leben in letzter Zeit so fade war.«

»Ich sagte doch, Mum hat einen sehr speziellen Gaumen.«

»Sylvie, noch ein Tag länger in ihrem Haus, und du wärst zu Weißquark geworden. Ich werde dir bei Nacht heimlich Chili- und Fischsauce einflößen. Wir werden wohl äußerlich wie innerlich an dir arbeiten und dein Leben in vielerlei Hinsicht ein wenig aufpeppen müssen. Aber wir können dich wieder zusammenbauen. Wir haben die Technologie.« Sebastian erhob sein Glas. »Auf deinen Testlauf, Sylvie.«

»Auf meinen Testlauf.«

Sie stießen an.

Eine Stunde später, nach hausgemachten Tortellini und Gnocchi, füllte Sylvie die Gläser nach und erhob ihres zu einem weiteren Toast. »Danke, Sebastian.«

»Wofür?«

»Den Wein. Das Essen. Die Notrutsche. Die Unterkunft. Alles.«

»Dank mir nicht zu früh. Ich habe ja noch gar nicht richtig losgelegt.«

»Was meinst du damit?«

»Kümmere du dich um deine Angelegenheiten.« Er rief den Ober. »Wollen wir uns noch ein Tiramisu teilen, Sylvie? Ach was, dafür sind wir zu alt. Zwei Tiramisu, bitte, Tony.«

Sie genossen die mächtigen kaffeegetränkten Biskuits mit den dicken Cremeschichten und nippten an ihrem Espresso, als Sebastian wie beiläufig sagte: »Habe ich eigentlich schon erwähnt, dass Dad neuerdings in Collingwood lebt?«

Sylvie hatte so etwas erwartet. Das Thema hatte die ganze Zeit im Raum gestanden. Sie hatte eigentlich damit gerechnet, dass Fidelma vor ihrer Abreise etwas dazu sagen würde, aber zu Sylvies Erstaunen war das nicht geschehen. Vielleicht hatte ihre Mutter das für überflüssig gehalten. Schließlich war Sylvie die Einstellung ihrer Mutter hinreichend bekannt. »Das ist ein ganz mieser Kerl, Sylvie, ein Lügner, ein rücksichtsloser Mensch, der uns alle an der Nase herumgeführt hat.« – »Warum willst du ihn unbedingt besuchen? Der Gedanke ist mir unerträglich, Sylvie. Ich muss ja schon damit leben, dass er mir Sebastian weggenommen hat.« – »Was ist so erstaunlich daran, dass er dir keine Geburtstagskarte schickt, Sylvie? Er denkt doch immer nur an sich selbst.« Sylvie zwinkerte und verbannte die Stimme ihrer Mutter aus ihren Gedanken.

»Ach wirklich?«, sagte sie.

»Gar nicht weit von hier. Ich kann dir ja seine Telefonnummer dalassen, wenn du willst.«

»Seb, ich weiß, was du vorhast. Aber dafür ist es zu spät.«

»Warum? Er ist doch erst Mitte sechzig. Gehen und sprechen kann er schon noch.«

Daran hatte Sylvie auch nicht gezweifelt. Schließlich wurde er hin und wieder im Literaturteil der Tageszeitungen erwähnt, wenn einige seiner älteren Gedichte in einem neuen Sammelband erschienen. Fidelma tobte sogar nach all den Jahren noch, wenn sie auf seinen Namen oder sein Bild stieß. »Jetzt sieh ihn dir an. Als ob er kein Wässerchen trüben könnte.«

»Weiß er, dass ich hier bin?«, fragte Sylvie.

»Ich habe ihm gesagt, dass du herkommst, ja.«

»Dann könnte er sich doch bei mir melden, wenn er wollte, oder?«

»Ich glaube, dafür ist er zu nervös.«

»Nervös?«

»Er weiß ja nicht, wie du ihm begegnen würdest.«

»Begegnen? Ich bin seine Tochter, kein Werwolf.«

»Also triff dich mit ihm.«

Sie antwortete nicht gleich. »Wie geht es ihm denn so?«

»Er fährt einen nagelneuen Mercedes. Lebt in einem Penthouse. Sammelt Schmetterlinge. Hat den Schwarzen Gürtel in Karate. Und spricht fließend Suaheli.« Sebastian lächelte. »Vielleicht stimmt aber auch nichts von alledem. Finde es doch selbst heraus.«

»Siehst du ihn oft?«

»Etwa einmal im Monat. Wir treffen uns meist zum Abendessen, in seinem Lieblingsrestaurant. Oder wir telefonieren und mailen.«

»Steht ihr euch nahe?«

»In manchen Dingen sind wir uns einig, in anderen nicht. Ich weiß, was in seinem Leben vorgeht, zumindest in groben Zügen. Und umgekehrt auch.«

»Magst du ihn?«

»Sylvie, Dad ist ein menschliches Wesen, kein Comic-Schurke, so wie Mum ihn immer geschildert hat. Manchmal ist er lieb und nett, manchmal macht er mich verrückt. Er ist kompliziert. Willkommen in der Eltern-Welt. Magst du denn Mum?«

Die Preisfrage. Mochte sie ihre Mutter? Sie bewunderte sie, genoss – meistens jedenfalls – ihre Gegenwart, fand sie anstrengend und zugleich inspirierend. »Ich liebe sie. Sie ist doch meine Mutter.«

»Du bist der Frage ausgewichen, wenn auch zugegebenermaßen sehr geschickt. Dann will ich dich heute mal nicht länger piesacken.«

Sebastian rief nach der Rechnung. Auf dem Heimweg gingen sie noch auf einen Schlummertrunk in eine Bar. Sebastian unterhielt Sylvie mit Geschichten über Schauspieler und Filmpannen. Ihr Vater oder ihre Mutter wurden nicht mehr erwähnt.

Sylvie machte erneut eine Runde durch Sebastians Apartment und blieb vor den Fotografien im Eingangsbereich stehen.

Eine Fotografie, ein wenig abseits, erregte ihre Aufmerksamkeit. Es war ein altes Schwarz-Weiß-Foto von Mill, das zeigte, wie sie mit einem Strohbesen die Veranda vor ihrer Wohnung in Newtown kehrte. Sie blinzelte in die Kamera, das Haar hatte sich wie üblich aus dem Dutt gelöst. Sebastian hatte einen Zettel daraufgeklebt: *Großtante Mill bereitet die Ankunft ihrer Gesellschafterin Sylvie vor.* Unter einem Foto von Vanessa und Cleo, auf dem zu sehen war, wie sie in einer Limousine zu einer Eröffnung vorfuhren, klebte ein weiterer Zettel: *Heckle und Jeckle entsteigen ihrer Kutsche und grüßen die Massen.*

Sylvie kannte die meisten Bilder. Sebastian hatte stets schon die Pinnwände und Fotoalben ihrer Mutter geplündert und sich genommen, was ihm gefiel. Er hatte das stets damit entschuldigt, dass er als Scheidungskind traumatisiert wäre und deshalb ständig Bestätigung und vertraute Gegenstände um sich bräuchte.

Sie staunte jedes Mal, wie offen, wie ironisch er mit dem Thema umgehen konnte. Sylvie selbst hatte immer noch ein beklommenes Gefühl bei dem Gedanken an die Scheidung. Natürlich hatte sie als Kind gewusst, dass ihre Eltern nicht glücklich miteinander waren. Das hätte man auch unmöglich nicht wissen können. Kreative Menschen wie ihre

Eltern fanden auch kreative Wege, einander zu beschimpfen und zu verletzen.

Es gab viele Fotos von ihren Eltern, aber auf keinem waren sie gemeinsam zu sehen. Die Bilder von ihrem Vater mussten in jüngster Zeit entstanden sein. Sylvie betrachtete sie genau. Sie hatte ihren Vater zum letzten Mal gesehen, als sie acht Jahre alt gewesen war.

In ihrer Vorstellung hatte sie sich ständig ein neues Bild von ihm gemacht, abhängig davon, was sie gerade gelesen hatte. Als Kind hatte sie sich ihren Vater wie Onkel Quentin, den zerstreuten Wissenschaftler aus *Fünf Freunde*, vorgestellt, wie den abwesenden Mr. March aus *Little Women* oder den schmerzlich vermissten Vater aus *Die Eisenbahnkinder*.

Der wahre Laurence Devereaux hatte ein ovales Gesicht, graues lockiges Haar und neugierige Augen. Sebastian sah ihm sehr ähnlich. Und Sylvie sah ihrem Bruder sehr ähnlich.

Was hieß, dass sie auch ihrem Vater sehr ähnlich sah.

Kapitel 4

Nach der ersten Woche in Melbourne hatte Sylvie eines bereits gelernt: Sie konnte sich nicht gut entspannen.

Sie war jeden Tag ins Stadtzentrum gegangen, hatte den Botanischen Garten durchquert und immer einen anderen Weg gewählt, um die neue Umgebung kennenzulernen. Sie hatte mit fünf Maklerbüros Kontakt aufgenommen, um eine Vorstellung von den Mietpreisen in den angrenzenden Vierteln zu bekommen. Sie hatte drei Zeitarbeitsagenturen angerufen, zweien davon ihren Lebenslauf und ihre Referenzen gefaxt und mit der dritten ein Vorstellungsgespräch am Telefon geführt. Jetzt wartete sie auf Aufträge von allen drei Agenturen.

Sie stellte sich unzählige Fragen, auf die es sehr viele Antworten gab: Wenn ich dauerhaft hier leben würde, in welchem Viertel wollte ich wohnen? Wo würde ich arbeiten? Würde ich hier neue

Freunde finden? Wo würde ich essen gehen? Wo einen Kaffee nach der Arbeit trinken? Wo sonntagmorgens frühstücken? Wo einkaufen? Tanzen? Ins Kino gehen? Doch unterschwellig beschäftigte sie vor allem eine Frage: Wäre ich in Melbourne eine andere als in Sydney?

Dann rief Sebastian an, um zu hören, wie es ihr ging. Er lauschte ihrem Bericht mit Entsetzen.

»Das nennst du Urlaub? Du bist doch nach Melbourne gekommen, um abzuschalten, weißt du noch? Nicht, um dich gleich auf eine groß angelegte Erkundungsmission zu begeben.«

»Es ist ein Testlauf. Ich seh mir die Strecke an.«

»Du kommst mir wie ein Athlet auf Steroiden vor. Mach mal langsam, hörst du? Wenn etwas Neues in dein Leben treten soll, musst du ihm Raum geben. Hast du gelesen? Warst du im Kino? Hast du einfach mal Musik gehört?«

»Ich hatte keine Zeit.«

Er lachte. »Dann nimm dir die Zeit. Und versprichst du mir eines?«

»Kommt darauf an.«

»Sei morgen zwischen zwölf und ein Uhr mittags zu Hause.«

»Wieso?«

»Versprich es mir einfach.«

Am nächsten Morgen stand Sylvie früh auf und

kaufte alles für ein gemütliches Ferienfrühstück ein: frischen Orangensaft, warme Croissants, Pfirsiche und zwei Zeitungen. Sie las sie von der ersten bis zur letzten Seite durch. Dann holte sie die Mappe hervor, die Sebastian für sie angelegt hatte und auf der *Sylvie – Freizeitaktivitäten und Kulturprogramm während meiner Abwesenheit* stand. Darin warteten Theater- und Kinoprogramme, die Öffnungszeiten des Schwimmbads, der Bücherei, des Fitnessstudios und der Videothek in der Nähe. Sylvie machte sich eine Liste.

Ganz unten, unter all den Broschüren, lag ein altmodischer Kofferanhänger, mit einem Klebezettel darauf: »Beim Verlassen des Hauses anzustecken!« Auf dem Anhänger selbst stand: *Ich heiße Sylvie. Ich wohne in der Marne Street, South Yarra. Ich habe mich verirrt. Bitte helfen Sie mir.* Sie grinste und heftete sich den Anhänger an ihre rote Jeansjacke, als wäre sie der Paddington Bär.

Gegen elf Uhr wurde sie unruhig. Im Büro hätte sie um diese Zeit schon längst zwanzig Telefonate erledigt, dreißig E-Mails verschickt, ein Dutzend Ordner in die Hand genommen, ihrer Mutter und ihren Schwestern Tische in teuren Restaurants reserviert, Termine bei der Kosmetikerin oder, das war ihre jüngste Marotte, eine Stunde Club Dance gebucht, vormittags in einem nahe gelegenen

Nachtclub. Sylvie hatte ihre Schwestern für einen sechswöchigen Kursus angemeldet und dabei die Broschüre gelesen. Die Stunden kosteten ein kleines Vermögen, dafür aber wurden neue Dimensionen der Fettverbrennung und eine ungeahnte Steigerung des Wohlbefindens versprochen. Als Sylvie laut darüber nachgedacht hatte, ob der Kurs nicht einfach eine sehr clevere Möglichkeit war, den Club auch tagsüber zu nutzen, hatten ihre Schwestern nur die Augen verdreht und ihr vorgeworfen, unerträglich prosaisch zu sein.

Vielleicht hatten sie recht. Sie war ganz allein in Melbourne, es war Tag und sie stocknüchtern – na, und wenn schon! In Sebastians Musiksammlung fand sich eine *Best of the 80s*-CD. Soweit Sylvie wusste, waren die Nachbarn alle bei der Arbeit, Beschwerden dürfte es also keine geben. Sie schob die Wohnzimmermöbel beiseite, drehte die Musik laut auf und tanzte zu Dexy's Midnight Runners' »Geno« und zu »Gold« von Spandau Ballett. Dann kam ihr während eines Stücks von Duran Duran eine Idee. Sie zog ihre Turnschuhe aus und glitt auf Socken über die polierten Holzdielen quer durchs Zimmer. Sie legte eine andere CD ein, Ravels »Bolero«, wieder bei voller Lautstärke. Sie musste über sich selbst lachen, als sie sich dabei ertappte, wie sie die Eislaufkür von Torvill und Dean imitierte.

Als Kinder hatten Sylvie und ihr Bruder Holzdielen-Eislauf geliebt, bis Fidelma in der Eingangshalle und den meisten Zimmern Teppiche ausgelegt hatte. Von dem Staub, der durch die Dielen drang, müsste sie niesen, hatte es geheißen.

Sylvie hatte seit ihrer Abreise nichts von ihrer Mutter gehört. Vier Mal hatte Sylvie fast angerufen, sich aber jedes Mal davon abgehalten. Fidelma war vermutlich noch im Refugium an der Küste mit Ray, malte und beriet sich mit ihrem Galeristen. Dass ihre Mutter nicht ein einziges Mal angerufen hatte, um zu hören, wie es ihr ging, war ein quälender Gedanke, aber daran hatte sich Sylvie im Laufe der Jahre gewöhnt. Fidelma war nicht boshaft, wie Sebastian richtig bemerkt hatte. Sie war nur gedankenlos. Weh tat es trotzdem.

Sylvie glitt bis in den Flur. Der Anrufbeantworter blinkte. Zwei neue Nachrichten. Die laute Musik hatte das Klingeln übertönt.

»Sylvie, hier ist Großtante Mill. Ich habe eine fantastische Idee. Würdest du meine Haushaltstipps für mich notieren? Allesamt vielfach bewährt. Ich werde nämlich langsam vergesslich. Ich rufe also immer an, wenn mir etwas in den Sinn kommt. Carla von nebenan meint, ich sollte mir so ein Diktiergerät kaufen, aber das ist doch albern. Ich habe ja dich, du bist jung und kannst dir das an meiner

Stelle merken. Also: Nichts eignet sich besser als Gebissreiniger, um weißes Tischleinen zu bleichen. So einfach kann es sein. Ich danke dir, Sylvie. Rückruf nicht nötig.«

Die zweite Nachricht war von Cleo. Ihre Stimme dröhnte durch den Flur.

»Hi, Seb, hi, Sylvie. Ich hoffe, in Melbourne läuft's gut. Sylvie, ich kann die Sachen aus der Reinigung nicht finden. Wir sind wegen einer Eröffnung in Sydney, und ich brauche mein blaues Kleid. Wo hast du es hingehängt?«

Sylvie hatte es nirgendwo hingehängt. Im Trubel der Reisevorbereitungen hatte sie das ganz vergessen. So ein Mist! Sie könnte rasch einen Kurierdienst anrufen, bitten, dass das Kleid aus der Reinigung geholt und zu Cleo gebracht würde. Das müsste eigentlich auch ohne Beleg gehen. Sie müsste nur erst in der Reinigung anrufen und …

Sie hielt inne. Sie könnte natürlich auch Cleo anrufen und ihr sagen, dass es ihr leidtäte, sie es vollkommen vergessen hätte und Cleo ihr Kleid unter Umständen ja selbst aus der Reinigung holen könnte.

Schnell griff sie zum Hörer, bevor sie der Mut wieder verließ. Ihr Herz klopfte so stark, sie konnte es beinahe hören. Bitte den Anrufbeantworter, bitte! Ihr Flehen wurde erhört. »Cleo, hier ist Sylvie.« Ihre Stimme klang heiser. Sie räusperte sich. »Hi, hier läuft alles bestens. Sebastians Apartment ist wunderschön. Das Wetter ist auch gut. Und, äh, die Sache mit der Reinigung …« Sie wollte schon klein beigeben und sagen, dass sie alles von Melbourne aus organisieren würde, als sie plötzlich im Geist Sebastian vor sich sah, der stirnrunzelnd sagte: »Lass dich von denen doch nicht immer so herumscheuchen. Du musst dich mal durchsetzen.« Sylvie stellte sich aufrecht hin. »Tut mir leid, aber ich hatte keine Zeit mehr, die Sachen abzuholen. Der Beleg liegt im Eingangskorb auf dem Schreibtisch im Atelier. Ich hoffe, du hast einen schönen Urlaub. Bis bald.«

Danach musste sie sich davon abhalten, gleich wieder anzurufen und sich zu entschuldigen. Sie machte eine Runde um den Block, um erst gar nicht in Versuchung zu geraten. Als sie eine Viertelstunde später nach Hause kam, war eine neue Nachricht auf dem Anrufbeantworter.

Sylvie drückte auf den Knopf. Wieder Cleo. »Hi, Sylvie. Danke, dass du wegen der Reinigung Bescheid gesagt hast. Das ist ja vielleicht ein lästiger Scheiß. Wir sind nur ein paar Stunden in der Stadt, und ich habe nun wirklich keine Zeit, auch noch zur Reinigung zu gehen. Ich hatte mich darauf verlassen, dass du das vor deiner Abreise erledigst.«

Ein Seufzen. »Na schön, mach dir keinen Kopf, ich kümmere mich selbst darum. Bis bald.«

Sylvies Stimmungshoch war wie weggeblasen.

Um Punkt zwölf Uhr klingelte es. Vor der Tür stand eine große, dünne, rothaarige Frau in Sylvies Alter. Sie trug ein gestreiftes Oberteil, enge Jeans und hochhackige Schuhe. Sylvie hatte kaum Gelegenheit, Hallo zu sagen.

»Sylvie? Natürlich bist du Sylvie. Wer auch sonst. Ich bin Leila, ich wohne gegenüber.« Sie schaute an Sylvie herunter. Um ihre Mundwinkel zuckte es. »Tolles Namensschild. Hat es sich schon als nützlich erwiesen?«

Sylvie trug noch immer Sebastians Schild! Sie machte es schnell ab, dann ging ihr auf, dass sie damit auch aus dem Haus gegangen war. »Das ist ein Scherz, ehrlich. Zumindest, was Seb darunter versteht.«

»Was ist in letzter Zeit eigentlich in ihn gefahren? Vorige Woche bin ich einen ganzen Tag lang mit einem Klebezettel auf dem Rücken herumgelaufen. ›Ich bin ein Affe, bitte geben Sie mir eine Banane.‹ Er fand es zum Schreien komisch.«

»Das tut mir leid. Wir hatten gehofft, die Elektroschocks würden Wirkung zeigen.«

Leila grinste wieder, ein Grübchen erschien auf ihrer Wange. »Da muss wohl die Voltzahl erhöht werden.« Sie holte einen Umschlag aus ihrer Tasche. »Den soll ich dir geben.«

Sylvie sah sich den Umschlag von allen Seiten an. Keinerlei Hinweise. »Vielen Dank.«

»Seb sagt, du bleibst ein paar Wochen, richtig? Hast du Lust, abends mal etwas trinken zu gehen?«

»Sehr gerne, danke.« Leila erinnerte Sylvie an jemanden. Dann ging es ihr auf. An Pippi Langstrumpf. Sie wurde ihr gleich noch sympathischer. »Möchtest du vielleicht einen Kaffee oder etwas anderes?«

»Normalerweise furchtbar gerne, ich lebe von Kaffee. Aber ich muss zu einem Casting und bin jetzt schon spät dran.« Sie verzog das Gesicht. »Es geht um eine Rolle in einer Soap, daher mein entzückendes Outfit. Ein andermal?«

»Das wäre schön, komm doch einfach vorbei. Und viel Glück beim Casting.«

»Das brauche ich, glaub mir. Bis bald!« Sie eilte mit einem fröhlichen Winken die Treppe hinunter, und fort war sie.

Leilas Besuch hatte Sylvies Stimmung gehoben. Den Umschlag in der Hand, machte sie die Musik wieder lauter und schlitterte ein letztes Mal durch das Apartment. Als Patrick Hernandez' »Born To Be

Alive« zu Ende ging, glitt sie in die Küche, holte ein Messer und schlitzte den Umschlag vorsichtig auf.

Im Innern war ein Fax. Vier Zeilen. In Sebastians Handschrift. Aber dort standen nicht etwa letzte eilige Anweisungen zum Housesitting, Restauranttipps, Empfehlungen für Cafés, Job-Webseiten oder Maklerbüros.

Sylvie lächelte. Es war etwas viel Besseres.

Wenige Stunden später war der Küchentisch unter Schmierzetteln und Kritzeleien begraben. Auf dem Boden stapelten sich Bücher. Sylvie hatte zum Telefon gegriffen.

»Ich komm nicht drauf, Seb. Du musst mir einen Hinweis geben.«

Es hatte eine Stunde gedauert, bis sie ihn endlich erreicht hatte. Die Verbindung war sehr schlecht. »Tut mir leid, aber das geht beim besten Willen nicht, Miss Devereaux«, hatte er erwidert. Seine Stimme brach immer wieder ab. »Das ist eine Schatzsuche und kein Schatz, der auf einem Silbertablett präsentiert wird.«

»Aber ich kann das Rätsel nicht lösen. Dabei habe ich schon jedes einzelne Buch aus deinem Regal durchgesehen.« Und nicht in einem hatte sie einen Zettel gefunden.

»Ich betrachte es als Mogeln, wenn du gleich zu den Büchern gehst. Du sollst erst suchen, wenn du den Titel erraten hast, und nicht aufs Geratewohl alles durchschauen.«

»Ich wusste nicht weiter. Warum ändern wir die Regeln denn nicht?«

»Die Regeln sind auf ewig in Stein gemeißelt. Wenn man davon absieht, dass ich den ersten Hinweis faxen musste, aber es sind ja auch außergewöhnliche Umstände. Und wer hat eigentlich mein Bücherregal erwähnt?«

»Wo sollte ich denn sonst nach Büchern suchen? Im Kühlschrank?«

»Oh, du Spürnase. Es gibt auch noch andere Orte für Bücher.«

»Bibliotheken, meinst du? Soll ich in die Bibliothek gehen?«

Sebastian imitierte einen schottischen Akzent: »Ach, Herzchen, es gibt auch noch andere Orte als Bibliotheken.«

Schottisch. Wo hatte sie erst neulich einen schottischen Akzent gehört? Bei Donald aus dem Buchladen. »Der Buchladen? Meinst du den Laden von deinem Freund?«

»Ist es etwa schon so spät? Sylvie, ich muss Schluss machen.« Er legte auf.

Sylvie schnappte sich Turnschuhe, Tasche und

Jacke und eilte los. Die Gegend war ihr schon vertraut. Elegante Villen und moderne Apartments in ruhigen Nebenstraßen, die alle auf die Einkaufsstraße führten. Der Himmel war blau, doch der Herbst kündigte sich bereits in der kühlen Luft an, und unter den Füßen raschelten die ersten braunen Blätter.

Sylvie musste an ihre allererste Schatzsuche denken, ein Geschenk von Sebastian zu ihrem achten Geburtstag. Sie erinnerte sich ganz deutlich, denn es war das einzig Schöne in einer Zeit des Aufruhrs gewesen. In den Monaten zuvor war die Stimmung zu Hause sehr bedrückt gewesen. Ihre Eltern hatten sich nur noch gestritten. Außerdem waren seltsame Dinge geschehen. Sylvies Lieblingsbild mit einem kleinen Boot darauf, das von Fidelmas Großmutter stammte, war eines Tages aus dem Wohnzimmer verschwunden, wie auch die goldene Lampe im Eingangsbereich. Ihr Vater war nächtelang fort und kam erst zurück, wenn Sylvie zur Schule ging. Eines Abends hatte er das Haus mit einem Koffer verlassen und war erst nach einer Woche wiedergekommen. Ihre Mutter hatte die ganze Zeit geweint oder getobt, war im Bett geblieben oder hatte auf der Veranda gesessen. In ihr Atelier war sie kaum noch gegangen. Wenn doch, dann hatte sie Bilder gemalt, die aus wütend anmutenden Farbklecksen, dunklen Linien und harten Konturen bestanden.

Dann nahte Sylvies Geburtstag. Sie hatte ein Puzzle bekommen, unverpackt. Es gab keine Feier und auch keine Torte. Ihre Mutter hatte gesagt, es täte ihr leid, aber sie könnte das im Moment nicht bewältigen. Vanessa und Cleo waren anderweitig beschäftigt. Schon damals hielten sie wie Pech und Schwefel zusammen und verbrachten die meiste Zeit in ihrem gemeinsamen Zimmer, sprachen über Kosmetik und Mode oder waren mit Freunden unterwegs. Sie zu bitten, ihr bei einer Geburtstagstorte zu helfen, wäre sinnlos gewesen. Sebastian war am Abend von Sylvies Geburtstag spät von einem Theatercamp gekommen. Ihm war aufgefallen, dass es nirgendwo Spuren einer Geburtstagsfeier gab. Sylvie hatte gehört, wie er zu ihrer Mutter gegangen war. Die Stimmen wurden laut. »Sie ist doch noch ein Kind. Hättest du denn nicht *irgendetwas* für sie machen können?« Die Antwort ihrer Mutter hatte sie nicht verstanden.

Am nächsten Morgen hatte ein Umschlag auf ihrem Bett gelegen. Im Innern steckte ein Zettel mit Sebastians Handschrift.

Ein Stuhl, dem Flügel wachsen?
Der Kobolde und Elfen Land?
Wenn du den nächsten Hinweis suchst,
nimmst du besser ein Buch zur Hand!

Sie hatte fast eine Stunde gebraucht, um das Rätsel zu knacken. Sebastian hatte sich geweigert, ihr zu helfen. »Das ist eine Schatzsuche, Sylvie. Das musst du schon selbst herausfinden.« Endlich hatte sie begriffen, was es bedeutete: ein Stuhl mit Flügeln. Der Wunschstuhl. Es war der Titel eines ihrer Lieblingsbücher von Enid Blyton. Sie hatte es vom Bücherregal geholt und auf den Umschlag gesehen, vorn und hinten. Kein Hinweis. Sie hatte darin geblättert und war auf einen weiteren Zettel gestoßen. Darauf standen zwei Sätze in verdrehten Buchstaben:

Heg ni edn Ozo. Nud egh trod uz end Regint.

Auch für dieses Rätsel brauchte sie eine Stunde. »Geh in den Zoo? Und geh dort zu den Tigern?«, fragte sie Sebastian.

»Wenn das da steht, sollten wir das auch tun. Na, dann los.«

Sie nahmen die Fähre und dann einen Bus. Vor dem Tigerkäfig gab Sebastian ihr einen weiteren

Zettel. Darauf stand, sie sollte ins Café gehen. Dort aßen sie Fritten und Eis. Dann bekam sie einen weiteren Zettel. Auf zum Hafen, eine weitere Bootsfahrt, diesmal nach Manly. Und wieder ein Zettel. Dann zu einem Buchladen. Dort, hinter der Theke, wartete ein Päckchen auf Sylvie. Fünf Enid-Blyton-Bücher. Es war der beste Geburtstag ihres Lebens.

Bis sie abends nach Hause gekommen waren und die Neuigkeit erfahren hatten. Ihre Eltern würden sich scheiden lassen.

Dann wurde es immer schlimmer. Ihre Mutter sprach in ihrem Atelier mit Freunden und gebrauchte Worte, die Sylvie nicht verstand. Aufteilung der Güter. Unterhaltszahlungen. Kampf um das Sorgerecht. Als Kind hatte sie geglaubt, ihre Mutter würde von einem Sojagericht sprechen. Um ein Sojagericht kämpfen? Sebastian hatte es ihr erklärt. Die Familie würde getrennt.

Der Gedanke war ihr unerträglich. »Ich will bei dir bleiben, Sebbie. Egal, wo du bist.«

»Ich entscheide das nicht, Sylvie.«

»Bitte, Seb, bitte lass mich mit dir gehen.«

Sie wurde in ein Büro geführt, einen Raum mit hohen Decken und fünf roten Stühlen. Eine Frau hinter einer Schranke fragte sie freundlich, bei wem sie leben wollte. Darüber musste Sylvie nicht lange nachdenken. »Ich will bei meinem Bruder bleiben.«

»Und wenn dein Bruder bei eurem Vater leben will?«

»Ich will bei meinem Bruder bleiben.«

Letzten Endes hatten ihre Wünsche keine Rolle gespielt. Die Richterin entschied. Sebastian würde bei seinem Vater in Melbourne leben. Laurence Devereaux hatte eine Stelle im Institut für Anglistik an der Universität von Melbourne bekommen. Fidelma Devereaux bekam das Sorgerecht für die drei Töchter, Vanessa, Cleo und Sylvie. Fall abgeschlossen.

An diesem Tag, dort im Gericht, hatte sie ihren Vater zum letzten Mal gesehen. Er war zu ihr gekommen und hatte sich gebückt, so als ob er mit ihr reden wollte. Ihre Mutter hatte sie fest am Arm gepackt und fortgezerrt. Am nächsten Tag hatte Sylvie einen blauen Fleck gehabt.

Inzwischen hatte Sylvie Donalds Buchhandlung, zwischen einer französischen Bäckerei und einem Weinladen gelegen, erreicht. Die Schaufenster waren liebevoll mit Büchern und Postern dekoriert. Als sie die Glastür aufdrückte, ertönte eine altmodische Klingel.

Nun, da Sebastian sie nicht herumscheuchte, hatte sie Zeit, sich im Laden umzuschauen: helle hölzerne Regale, ein Oberlicht, die Wände in sanften Farbtönen gestrichen, alle Abteilungen deutlich markiert – Belletristik, Sachbuch, Australische Autoren, Neuerscheinungen, Gedichte, Klassiker. Auf zwei Tischen gleich am Eingang lagen die Empfehlungen, Bücher, die kürzlich rezensiert worden waren, und die Angebote. Daneben war die Kinderabteilung, die nicht nach Romanen und Sachbüchern geordnet war, sondern nach Themen: Katzen, Hunde, Züge, LKWs. Im Hintergrund spielte dezent klassische Musik. Es roch nach Kaffee. In einer Ecke befand sich ein kleines Bistro mit drei Tischen, Sesseln und einer Kaffeemaschine, auf dem Regal darüber standen farbige Tassen und Glasschalen voller Kekse. Mehrere Kunden betrachteten die Bücher in den Regalen und auf den Tischen.

Der einzige Verkäufer stand auf einer Leiter und hängte ein Poster auf. Als Sylvie an der Theke wartete, stieg er herunter. Zuerst erschienen schwarze Turnschuhe, dann lange Beine in ausgeblichenen Jeans. Ein blaues T-Shirt. Leicht gebräunte Arme. Ein Kopf mit dunkelbraunen Locken. Donald war es nicht.

Am Fuß der Leiter drehte sich der Mann um. Mit seinen vielen Sommersprossen wirkte er sehr jungenhaft. Er hatte dunkle Augen. Ein erwachsener

Huckleberry Finn, ging Sylvie durch den Kopf. Erst Pippi Langstrumpf, nun dieser Mann. Es war wie im Land der Bücher an der Spitze des Wunderweltenbaums.

Er lächelte sie an. »Hi. Tut mir leid, dass Sie warten mussten. Wie kann ich Ihnen helfen?«

»Hallo, ja, bitte. Ich wollte nur wissen, ob Dona…«

Er fiel ihr ins Wort. »Du bist Sylvie, nicht wahr? Sebastians Schwester?« Als sie nickte, lächelte er breit. »Er hat gesagt, dass du reinschauen würdest. Und du entsprichst genau seiner Beschreibung.«

Sie fragte sich, was Sebastian wohl gesagt hatte. Dass sie verloren wirkte? Verängstigt? Sicherheitshalber setzte sie eine heitere Miene auf. »Dann musst du Max sein.«

Er verbeugte sich. »Zu Ihren Diensten. Aber woher weißt du das? Lass mich raten, er hat mich als den bestaussehenden Mann weit und breit angekündigt?«

Sie lächelte. »Beinahe. Er hat gesagt, du wärst ein sehr guter Freund.«

»Das bin ich auch, als Strafe für meine Sünden.« Er streckte ihr die Hand entgegen. »Schön, dich kennenzulernen. Bist du hier, weil du ein Buch oder einen Kaffee möchtest? Oder vielleicht beides?«

»Nun, die Sache ist ein wenig komplizierter.«

»Ausgezeichnet.« Max lehnte sich an die Theke und verschränkte die Arme. »Ich bin in der Stimmung für etwas Kompliziertes. Dann mal los.«

Sie griff in ihre Tasche und holte den Umschlag hervor. »Als Kinder haben Sebastian und ich immer …«

»Die Schatzsuche hat schon begonnen?«

»Du weißt Bescheid?«

»Was soll ich sagen? Aber du verschwendest keine Zeit, das muss ich dir zugestehen.«

Sie holte den Zettel heraus. »Seb hat mir einen ersten Hinweis geschickt, aber ich …«

Max legte die Hände über die Ohren und kniff die Augen zu. »Tut mir leid, ich kann dir nicht helfen.«

»Nicht?«

Er schüttelte den Kopf, noch immer mit geschlossenen Augen. »Seb hat gesagt, egal, wie sehr du auch bettelst, du musst es selbst herausfinden.«

»Aber kannst du mir wenigstens sagen, ob ich am richtigen Ort bin? Werde ich das Buch hier finden?«

Er öffnete ein Auge. »Wir haben hier zwanzigtausend Bücher, die Chancen stehen also nicht schlecht. Dazu kannst du mich gerne fragen. Obwohl du heute Nachmittag vielleicht keine zwanzigtausend Fragen mehr stellen solltest. Wir schließen nämlich um sieben.«

»Kannst du mir überhaupt helfen?«

»Ich bin ausgebildeter Buchhändler, mein Verstand arbeitet wie ein Computer, natürlich kann ich dir helfen. Aber nur, wenn es um buchspezifische Fragen geht.«

Sie mochte den Witz, der in seinen Augen aufblitzte. Falls Max Sebastians neuer Freund war, war sie mit der Wahl vollkommen einverstanden. »Hattest du etwas mit der Sache zu tun?«

Er grinste erneut. »Sagen wir so: Wenn Sebastian bis spät in die Nacht arbeitet oder ihm etwas in den Sinn kommt, tut er es ungern allein. Und das war die letzte Information, die ich dir gebe. Aber wie wäre es mit einem Kaffee, ehe du loslegst?«

»Kann ich einen starken bekommen?«

Zehn Minuten später saß Sylvie an einem Tisch in der Ecke, einen doppelten Espresso vor sich, und las noch einmal Sebastians Hinweis. Mittlerweile kannte sie ihn auswendig:

Auf der Suche nach einer neuen, glänzenden Berufung?
Dann, liebe Sylvie, reise antiquierte Kilometer
Auf einem altehrwürdigen Fluss voller Geschichten.

Die Nachricht war eindeutig. Sie musste Sydney verlassen – das »modisch« bezog sich bestimmt auf Vanessa, das »glänzend« auf Cleos Schmuck –, um herauszufinden, was sie aus ihrem Leben machen sollte. Aber welchen Fluss hatte sie auf dem Weg von Sydney nach Melbourne überquert – oder überflogen? Den Murray River? Sollte sie in Büchern über den Murray River suchen?

Max bediente einen älteren Herrn. Sylvie wartete etwas abseits und schaute zu. Max konnte sehr gut mit Kunden umgehen, war freundlich, aber auch höflich-distanziert. Als der Kunde gegangen war, lächelte Max sie an.

»Hast du das Rätsel etwa schon gelöst?«

»Ich taste mich langsam heran. Ich glaube, ich ahne etwas. Hast du hier Bücher, deren Handlung irgendetwas mit dem Murray River zu tun hat?«

»Fachbuch oder Literatur? Oder auch Fachbuch oder Lachbuch, wie meine Großmutter immer sagte?«

Sie lächelte. »Beides. Alles. Egal.«

Max war eine große Hilfe. Er suchte in seinem Computer, blätterte in Katalogen, sah mit Sylvie die Regale durch. Sehr schnell fanden sie zwei Romane: *The River Kings* von Max Fatchen. *All the Rivers Run* von Nancy Cato. Außerdem fünf Sachbücher. Sylvie blätterte alle durch. Nichts.

»Der Zettel könnte nicht zufällig herausgefallen sein?«, fragte sie. »Es ist nämlich immer ein kleiner Zettel.«

»Ich habe keine Ahnung, wovon du sprichst.«

»Wie lange würde ich brauchen, um in jedem Buch in jedem Regal nachzuschlagen?«

»Ich habe gerade eine manuelle Inventur gemacht, ich kann es dir also genau sagen – drei Wochen, zwei Tage und eine unerträglich lange letzte Stunde. Aber das wäre Mogelei, oder? Und hast du überhaupt so viel Zeit?«

»Hättest du etwas dagegen, wenn ich auch nachts suche?«

»Natürlich nicht. Du kannst ja bei den Gedichten schlafen.«

»Ist das ein Hinweis? Ist es in der Gedichte-Abteilung?«

»Nein, das sollte ein Scherz sein. In der Gedichte-Abteilung ist es immer am ruhigsten.« Er lächelte beschämt. »Offensichtlich kein gelungener Scherz. Ich brauche Humor-Nachschub.«

»Nein, das war witzig. Ich habe still in mich hineingelacht.«

Sylvie ging immer noch lächelnd an ihren Platz zurück. Sie las den Hinweis noch einmal. Es war komplizierter als früher. Aber das Prinzip hatte sich doch bestimmt nicht geändert. Du musst es schrittweise angehen, hatte Sebastian immer gesagt. Zeile für Zeile. Mach dir Listen mit möglichen Lösungen.

Sylvie holte sich ein Geografiebuch, in dem Dutzende Längeneinheiten aufgeführt wurden. Achtelmeile. Klafter. Fuß. Meile. Spanne. Sylvie notierte sie alle. Australische Flüsse? Darling. Torrens. Swan. Fitzroy. Franklin. Yarra. Margaret. *Margaret.* Der Vorname einer Autorin? Sie unterstrich den Namen.

Sie sah in Lexika nach, in Wörterbüchern, Atlanten und Reiseführern. Wenn Max nicht gerade Kunden bediente oder Pakete auspackte, versorgte er sie mit Kaffee. Er wollte kein Geld. »Das geht alles auf Sebastians Rechnung. Was immer du willst. Er hat darauf bestanden.«

Sylvie machte Listen mit Synonymen für »glänzend« und »Berufung«. Schimmernd. Leuchtend. Brillant. Klar. Strahlend. Flimmernd. Silbrig. Funkelnd. Job. Beruf. Pflicht. Beschäftigung. Tätigkeit. Anstellung. Arbeit.

Nichts. Die Wörter wirbelten ihr im Kopf herum. Sie beschloss, sich mit einem kleinen Spaziergang an der frischen Luft abzulenken, in der Hoffnung, dass sich dann ihr Unterbewusstes melden würde. Wenn sie schwere Kreuzworträtsel löste, half diese Methode auch immer.

Max stand an der Theke und beriet einen Kunden. Sylvie deutete an, dass sie gleich wieder zurück wäre, und erhielt ein Nicken und Lächeln zur Antwort.

Sie war gerade sechs Häuser entfernt vor dem italienischen Restaurant, da ging es ihr auf. Glänzende Berufung. Altmodische Kilometer. Ehrwürdiger Fluss. Sie lief zurück zum Buchladen und riss die Tür auf.

»*Meine brillante Karriere* von Miles Franklin!«, rief sie.

Der Mann an der Theke sah überrascht auf. Es war nicht Max, sondern Donald. »Sylvie, wie schön, dich wiederzusehen.«

Kapitel 5

»Wenn ich mich also spontan entscheiden würde, eine Konferenz mit fünfhundert Teilnehmern abzuhalten, noch dazu viersprachig, und eine Heerschar von Sekretärinnen benötigen würde, könnte ich dich anrufen, und du würdest das alles für mich managen? Du würdest stenografieren? Am Computer arbeiten? Alles organisieren?«

»So etwas kann ich blind machen«, sagte Sylvie lachend. »Einfach aus dem Ärmel schütteln.«

»Das würde zwar das Tippen erschweren, aber egal. Du bist keine Sekretärin, du bist eine Superzeitarbeitskraft. Präg dir das ein, Max. Du willst eine mehrsprachige Konferenz abhalten? Dann ruf Sylvie an.«

Max und Sylvie saßen seit einer Stunde beim Wein in einer kleinen spanischen Tapas-Bar. Im Hintergrund spielte leise Flamenco-Musik, die fröhlich-bunten Wände und das gedämpfte Licht schufen eine intime Atmosphäre.

Sylvie fiel auf, dass Max sein Glas schon geleert hatte. »Jetzt bin ich aber dran, dir Fragen zu stellen. Doch erst hole ich dir noch ein Glas Wein.«

»Mein Leben ist ein offenes Buch. Und ausgesprochen langweilig.« Er stand auf. »Und außerdem konnte ich wegen dir früher Feierabend machen, also gehen die Getränke auf mich. Noch einmal dasselbe?«

Sie nickte. Donald hatte sie in die Bar geschickt. Ihr Auftritt zuvor hatte ihn sehr amüsiert, und auch alle Kunden. Max war lachend hinter einem Regal in der Roman-Abteilung hervorgekommen.

Donald hatte keine Entschuldigung hören wollen. »Es ist großartig, dass sich jemand noch so für das gedruckte Wort begeistern kann. Dann würde ich sagen, wenn mich meine äußerst sensible Intuition als Buchhändler nicht trügt, dass du furchtbar gerne einen Blick in *Meine brillante Karriere* von Miles Franklin werfen möchtest? Tja, wo steht das Buch bloß? Max, hast du es irgendwo gesehen?«

»Ich glaube, wir haben das letzte Exemplar gerade verkauft«, hatte Max gesagt. »Gleich, nachdem Sylvie spazieren gegangen ist.«

»Macht nichts. Wir können es ja nachbestellen. Ein australischer Klassiker, lass mich mal nachsehen, ja, den könnten wir innerhalb einer Woche bekommen.«

»Jetzt spann mich nicht so auf die Folter«, hatte Sylvie geklagt, »sonst beschwere ich mich beim Buchhändlerverband.«

»Sebastians Beschreibung trifft es ganz gut, findest du nicht?«, hatte Max zu Donald gesagt. »Wie waren noch seine Worte? ›Eine ganz Süße mit Strahleaugen‹?«

»Ja, das waren seine Worte. Er hat allerdings nicht erwähnt, dass sie die Angewohnheit hat, Buchtitel durch die Gegend zu brüllen. Offenkundig herrschen in Sydney doch andere Einkaufsgewohnheiten. Max, mein loyaler Mitarbeiter, würdest du bitte die junge Dame mit den Strahleaugen in die Klassiker-Abteilung führen?«

Die Autoren mit »F« standen im zweiten Fach von oben. Max nahm das einzige Exemplar aus dem Regal. »Soll ich es einpacken, Madam? Oder wollen Sie sich gleich hier darauf stürzen?«

»Gleich hier, danke schön.«

Sylvie fand den Zettel nur Augenblicke später. Er lag dreifach gefaltet in der Buchmitte. Sebastian hatte die Tradition aus Kindertagen beibehalten. Das Blatt war vollständig beschrieben, jeder Satz mit verdrehten Buchstaben. Sylvie sah auf. Max lächelte sie an.

»Du wusstest die ganze Zeit, wo der Zettel war, oder?«

Er nickte. »Natürlich. Ich habe ihn ja hineingelegt. Sebastian ist nicht an das Buch herangekommen.«

»Ich hätte dich also gleich heute Morgen bestechen können?«

»Sicher, das wäre schneller gegangen. Aber sieh doch mal, wie viel Übung ich jetzt beim Kaffeekochen habe. Außerdem bin ich nun auch Experte für den Murray River. Das ist Wissen von unschätzbarem Wert.«

Max kam mit zwei Gläsern von der Bar zurück. »Bitte schön«, sagte er. »Ein hervorragender fruchtiger Shiraz aus dem Yarra Valley. Oder war es ein würziger Cabernet aus dem Clare Valley? Oder doch der überraschend vollmundige Merlot aus dem Hunter Valley? Ich weiß es nicht mehr. Jedenfalls ist es Rotwein.«

»Den mag ich am liebsten. Danke, Max.«

Er setzte sich wieder Sylvie gegenüber.

»So, deine Reise nach Melbourne ist also …«

»So, du arbeitest also gerne im …«

Sie lachten. »Du zuerst«, sagte Max.

»Ich wollte dich fragen, ob du gerne in der Buchhandlung arbeitest. Und ob du aus Melbourne stammst.«

»Hervorragende Fragen. Wenn du sie gestellt hättest, hätte ich beide bejaht und dann geschickt das

Thema auf dich gelenkt und dich gefragt, wie es war, im Kreise einer Künstlerfamilie aufzuwachsen.« Er machte eine Pause. »Dann hätte ich an deinem Gesichtsausdruck erkannt, dass du diese Frage schon viel zu oft gehört hast und dass diese Tatsache auch ganz offensichtlich einer der Gründe ist, warum du Sydney verlassen hast, also hätte ich mich rasch wieder auf ein unverfängliches Terrain zurückgezogen und dir eine Frage zum Wetter gestellt.«

»Entschuldige. War das so offensichtlich?«

Er nickte. »Dein Gesicht spricht Bände. Du wärst bestimmt eine ausdrucksstarke Schauspielerin.«

»Wenn ich schauspielern könnte, ja.«

»Hast du es nie versucht?«

Sie schüttelte den Kopf. »Ich kann auch weder malen noch Schmuck oder Kleider entwerfen, falls du danach fragen wolltest.«

»Wollte ich nicht, aber gut zu wissen. Ich kann übrigens auch nichts von alledem.«

Sie rieb sich peinlich berührt die Wange. »Tut mir leid, Max. Das war unfair.«

»Dr. Max Reynolds, Familientherapeut, hat jetzt Sprechstunde. Möchten Sie einen Termin vereinbaren?«

Sie wollte, wurde ihr in diesem Moment bewusst, gerne mit ihm sprechen. »Hast du ein paar Stunden Zeit?«

»Tage, falls nötig. Und hinter der Bar steht noch reichlich Wein. Ich habe nachgesehen.«

»Ich weiß nicht, wie viel Sebastian dir erzählt hat …«

»Nichts Verfängliches, glaub mir. Nur, dass er den Eindruck gewonnen hätte, du würdest im Meer der Familie ertrinken und dass er dir einen Rettungsring zuwerfen sollte.«

»Das trifft es im Großen und Ganzen. Beschämend, oder? Da ist man fast dreißig Jahre alt und braucht noch immer den großen Bruder als Aufpasser.«

»So groß ist er nun auch wieder nicht. Wie groß ist er denn schon, einen Meter siebzig? Ein Knirps. Ein Knirpsbruder. Und beschämend ist das auch nicht. Wir alle brauchen eine Familie, die einen wahnsinnig macht. Sonst würde doch niemand je seine Heimat verlassen, und nichts würde auf dieser Welt unternommen.«

»Glaubst du wirklich?«

»Ich glaub es nicht nur, ich weiß es.«

»Ist das bei dir auch so?«

Er nickte. »Ich bin der älteste von drei Jungs. Mum und Dad arbeiten beide als Ärzte, mit eigener Praxis. Natürlich wurde von mir erwartet, nein, ich war regelrecht verpflichtet, auch Arzt zu werden.« Max hatte sich auch folgsam für Medizin eingeschrieben, sein Examen gemacht, sein Praktikum absolviert und die ganze Zeit gewusst, dass irgendetwas nicht stimmte. »Dann, vor vier Jahren, bin ich einer Laienschauspieltruppe beigetreten, und da wurde mir endlich bewusst, was ich wirklich wollte: Bühnenbilder und Textbücher, nicht Stethoskope und Tabellen. Mich interessiert die Produktion, nicht das Schauspielern. Eine Woche später habe ich mich dann an der Kunsthochschule im Fach Dramaturgie eingeschrieben, um Inspizient zu werden. Seitdem arbeite ich im Theaterbereich. Es ist natürlich kein so sicherer Beruf wie die Medizin, aber ich bin glücklich.«

»Also ist das in der Buchhandlung nur ein Teilzeitjob?«

Er nickte. »Drei Tage die Woche. Damit komme ich zwischen den einzelnen Produktionen ganz gut über die Runden. So habe ich übrigens auch Sebastian kennengelernt. Wir haben letztes Jahr gemeinsam an einem Theaterstück gearbeitet. Er hat mir auch den Job in der Buchhandlung besorgt. Er kümmert sich wirklich ganz rührend um andere.«

»Und wie hat deine Familie diesen Richtungswechsel aufgenommen? Vor allem deine Eltern?«

»Meine Eltern waren begeistert. Fanden es eine tolle Idee.« Er lächelte flüchtig. »Sie waren außer sich. Haben mich monatelang mit Missachtung gestraft, dann einen weiteren Monat lang angeschrien. Seit vier Generationen gäbe es in unserer Familie schon Ärzte, und wie ich dazu käme, mit dieser Tradition zu brechen? Ich bräuchte mir nicht einzubilden, dass sie mich unterstützen würden, und so weiter und so weiter.«

»Deine Brüder waren auch nicht am Medizinstudium interessiert?«

»Damals nicht. Inzwischen hat sich das geändert. Mein jüngerer Bruder hat sich fürs Studium beworben, dadurch sind meine Eltern im Moment besänftigt.« Er zuckte mit den Schultern. »So ist es eben. Ich kann es ihnen nicht wirklich verübeln. Sie sind sehr traditionsbewusst. Konservativ. Die Meinung anderer ist ihnen sehr wichtig. Der soziale Status und das alles.«

Sylvie hatte schon zu viel Wein getrunken, um diplomatisch zu sein. »Aber das mit dir und Sebastian, damit kommen sie zurecht?«

»Wie bitte?«

»Mit euch beiden?«

»Uns beiden?«

»Damit, dass ihr ein Paar seid.«

»Sebastian und ich ein Paar?« Als sie nickte, warf Max den Kopf in den Nacken und lachte laut los. »Du glaubst, Sebastian und ich wären zusammen?«

»Etwa nicht?«

»Wie kommst du denn darauf?«

»Sebastian hat gesagt, du wärst ein sehr guter Freund, und dabei hat er so frech gegrinst.«

»Frech?« Er lachte. »Sylvie, es tut mir leid. So gerne ich auch dein Schwager würde, aber Sebastian und ich spielen in unterschiedlichen Teams. Und soweit ich das beurteilen kann, sind Sebastian und Donald auch ohne mich glücklich.«

»Donald?«

»Sebastian ist mit Donald zusammen. Wusstest du das nicht?«

»Er hat nur gesagt, dass es jemanden gibt. Und ich war davon ausgegangen, dass du das bist …«

Max lachte wieder. »Das reicht. Ab morgen lasse ich mir einen Bart stehen, gehe ins Fitnessstudio und spritze mir Testosteron.«

»Ich wollte nicht … ich hoffe, du meinst jetzt nicht … Du wirkst gar nicht …« Sie gab auf. »Es tut mir leid.«

»Ist schon gut. Das heißt ja wohl, dass ich meine sensible Seite auslebe. Das ist doch bestimmt etwas Positives.«

»Sehr sogar.«

»Dann ist ja alles in Ordnung. Na komm, lass uns hier verschwinden.«

»Wohin denn?«

»Wir gehen in einen Lap-Dancing-Club. Damit

ich meine Männlichkeit unter Beweis stellen kann.« Max grinste. »Jetzt schau nicht so schockiert, wir gehen natürlich nicht in einen Lap-Dancing-Club. Ich lade dich zum Essen ein. Schließlich muss ich noch einmal von vorn anfangen.«

Bereits auf dem Weg zu einem kleinen griechischen Restaurant in der Nähe änderte sich die Stimmung. Während des Essens unterhielten sie sich weiter, berührten dabei aber immer wieder flüchtig den Arm oder die Hand des anderen. Entweder wollte Max ihr etwas beweisen, oder das Treffen hatte sich von ganz allein zu einem Flirt entwickelt. Sylvie war nicht sicher. Sie wusste nur, dass sie den Abend nun nicht mehr mit dem vermeintlichen Freund ihres Bruders verbrachte, sondern den Eindruck hatte, ein Date zu haben. Und das war sehr angenehm.

Nach dem Essen brachte Max sie nach Hause. Das Restaurant befand sich nur zehn Minuten von Sebastians Apartment entfernt. Die meisten Häuser lagen im Dunkeln, gelegentlich fuhr ein Auto durch die Seitenstraßen, die Luft war kühl. Vor der Haustür blieben Max und Sylvie stehen. Ein Fenster war erleuchtet, von irgendwo wehte der schwache Klang eines Cellos herüber.

Max schaute hoch und seufzte. »Ach, mein Liebesnest. Mein Herz schlägt noch immer schneller, wenn ich an all die Nächte dort denke.«

»Es tut mir leid, ganz ehrlich. Wer von uns beiden ruft Seb an und sagt es ihm?«

»Das überlasse ich dir. Und grüße ihn lieb von mir.« Er lachte. »Das meine ich ernst. Ich liebe Sebastian.«

»Ich bin sicher, das beruht auf Gegenseitigkeit.«

»Das war ein sehr schöner Abend, Sylvie. Komm doch einfach wieder in die Buchhandlung. Oder ruf mich zu Hause an, wenn du Lust auf einen Kaffee hast.« Er schrieb seine Telefonnummer auf einen Kassenzettel. »Ich arbeite zu sehr unregelmäßigen Zeiten, ich habe also frei, wenn du es am wenigsten erwartest.«

»Ich auch. Ich meine, ruf hier an, wenn du willst. Ich danke dir, Max, für den Wein und das Essen und alles andere.«

»War mir ein Vergnügen.« Er berührte ihr Gesicht, eine rasche, liebevolle Geste. »Es ist schön, dass du hier bist.«

»Es ist schön, hier zu sein.« Dann lächelten sie einander an. Sylvie wollte sagen, wie wäre es mit einem Drink morgen Abend? Einem Essen gegen Ende der Woche? Doch sie zögerte zu lange. »Gute Nacht.«

Auf der obersten Stufe drehte sie sich noch einmal um. Max stand immer noch vor dem Haus. Er winkte ihr zu.

Sylvie rief Sebastian an, sobald sie die Tür hinter sich geschlossen hatte. Über ihren Irrtum musste er furchtbar lachen. Und er war froh, dass sie den Hinweis gefunden hatte. Vor allem aber war er froh, dass sie mit Max ausgegangen war.

»Willst du uns verkuppeln, Seb?«

»Nicht aktiv«, sagte er. »Diese Arbeit überlasse ich der Chemie. Ich mag Max, ich mag dich, daher habe ich angenommen, ihr würdet euch auch mögen. Also habe ich euch miteinander bekannt gemacht. Da ich ein großer Zauberer bin, hat es ja auch funktioniert. Und schon kommt der Märchenprinz herbeigeritten.«

»Aber ich suche keinen Märchenprinzen.«

»Natürlich nicht. Dich beschäftigen weitaus gravierendere Probleme als dein Liebesleben.«

»Danke sehr.«

»Ich dachte nur, es wäre doch schön, wenn du jemanden kennenlernen würdest, der nicht so ein widerlicher, ambitionierter und hinterhältiger Betrüger wie David ist. Das waren deine Worte, oder?«

Beim Gedanken an David schämte Sylvie sich immer noch, denn erst nach fünf Monaten war ihr aufgegangen, dass er sich für den Namen Devereaux interessierte und nicht für sie. Sie hatte ihn auf einer Vernissage ihrer Mutter kennengelernt. Er war Anwalt, beschäftigte sich in seiner Freizeit mit Kunstgeschichte, hatte zu allem eine Meinung und außerdem davon gesprochen, die Tradition des Salons wiederzubeleben. Sylvie war Feuer und Flamme gewesen. Auch ihre Mutter und ihre Schwestern hatten sich durch seine Aufmerksamkeit sehr geschmeichelt gefühlt. Sie waren zu seinen Partys gegangen und hatten vergnügt für die Gesellschaftsfotografen posiert, die dort ziemlich häufig erschienen. Sylvie hatte viel zu lange benötigt, um zu begreifen, was David wirklich im Schild führte. Sie hatte es erst begriffen, als er sie nicht mehr als »meine Freundin Sylvie«, sondern als »meine liebe Freundin Sylvie Devereaux aus der berühmten Künstlerfamilie« vorstellte.

Eines Abends hatte sie das auf dem Weg zu seinem eleganten Apartment zur Sprache gebracht. »Ich weiß nicht, warum du das immer erwähnst, David. Ich bin keine Künstlerin.«

»Ich kann dich ja wohl kaum als Sekretärin vorstellen, oder?«

Sie hatte die Beziehung noch am selben Abend beendet. Er hatte ihr mit Blumen und Entschuldigungsschreiben nachgestellt, bis sie ihm eine zweite

Chance gab. Und zur Feier des Tages hatte er eine Party gegeben, ihre Familie eingeladen und fast den ganzen Abend lang nur mit Fidelma gesprochen. Der zweite Akt ihrer Beziehung endete, als Sylvie ein Foto von David in der Klatschspalte einer Sonntagszeitung entdeckte, auf dem er neben der Tochter eines bekannten Schauspielers zu sehen war. Sylvie hatte er erzählt, an besagtem Abend müsse er lange arbeiten. Diesmal hatte er sich damit abgefunden, dass es vorbei war. Am nächsten Tag hatte er Fidelma, Vanessa und Cleo Blumen gesandt, mit Grußkarten. Es wäre ihm eine Freude gewesen, sie alle kennenzulernen. Er hatte die Blumen ins Atelier geschickt. Sylvie war an dem Tag allein dort und hatte sie in Empfang nehmen müssen.

»Und Donald magst du auch?«, fragte Sebastian in ihre Gedanken hinein. Er klang verletzlicher als sonst.

»Ich mag ihn sehr.«

»Gut.« Sylvie hörte ihn förmlich lächeln. »Das ist sehr gut. Und jetzt geh schlafen. Du hast morgen viel zu enträtseln.«

Sylvie sah erst auf den Anrufbeantworter, nachdem sie sich die Zähne geputzt hatte und ins Bett gehen wollte. Er blinkte. Eine Nachricht. Max! Er hatte also schon angerufen. Sylvie drückte auf den Knopf.

»Sylvie, hier ist Mill. Nur ganz schnell zwei Tipps. Klarer Essig ist ein hervorragender Weichspüler. Ein kleiner Tropfen in den letzten Spülgang. Und wenn man Hühnern Apfelessig ins Trinkwasser gibt, bekommen sie keine Würmer. Das war's schon. Schlaf gut. Rückruf nicht nötig.«

Kapitel 6

Am nächsten Morgen benötigte Sylvie eine Kanne Kaffee, zwei Schokoladencroissants und anderthalb Stunden, um zu enträtseln, welche Mutproben sich Sebastian für sie ausgedacht hatte. An früheren Zeiten gemessen waren sie harmlos: Sylvie sollte weder von einem hohen Gebäude springen noch Würmer, Spinnen oder Raupen essen.

Stattdessen hatte Sebastian ihr drei Aufgaben gestellt, ihr aber die Entscheidung überlassen, wann sie diese erledigen wollte. Allerdings bestand er auf einem Abschlussbericht, möglichst in Form einer Powerpoint-Präsentation, notfalls aber gäbe er sich auch mit einem kurzen Anruf oder einer Nachricht zufrieden. Außerdem legte er ihr nahe, die Aufgaben in der vorgeschlagenen Reihenfolge zu absolvieren, aber auch das wäre kein Muss.

Die Liste war mit *Drei Schritte auf dem Weg zu mehr Selbstsicherheit* überschrieben:

Erstens: Mach ein Date aus.

Zweitens: Gib eine Dinnerparty. Folgende Zutaten müssen ins Essen: Koriander, Fischsauce, Sesamöl, Chili, Reiswein, Galgant, Zitronengras und Blätter von Kaffernlimetten.

Drittens: Erforsche dich, wenn Mutprobe eins und zwei erfolgreich abgeschlossen sind.

Sylvie hatte kaum Gelegenheit, über Sebastians Vorschläge nachzudenken, da klingelte das Telefon. Es war Mill.

»Oh, Sylvie, schade, dass du drangegangen bist«, sagte sie. »Mir sind Anrufbeantworter inzwischen viel lieber. Da kann man gleich zur Sache kommen. Braucht nicht erst zu fragen, wie es dem anderen geht, was er so macht, wie das Wetter ist und so weiter. Findest du nicht, dass das viel effizienter ist?«

»Ich kann ja auflegen, wenn dir das lieber wäre.«

Mill lachte. »Das würde mir recht geschehen. Ich muss schon sagen, ich mag deinen Humor. Ich habe sogar gerade von dir gesprochen. Ich habe George erzählt, dass du nach deiner Rückkehr aus Melbourne hier einziehst.«

»George?«

»Mein neuer Gärtner. Ein toller Mann. Ein Kerl

wie ein Baum. Er hält das mit dir auch für eine gute Idee. Er weiß überraschend viel, nicht nur auf dem Gebiet der Pflanzen. Er kennt sich nämlich auch mit Antiquitäten aus. Er meint, ich hätte da einige ziemlich wertvolle Stücke rumstehen. Was mich gar nicht wundert. Vincent hatte für so was ein Auge.«

Bei Sylvie schrillten sämtliche Alarmglocken. »Mill, wer ist dieser George?«

»Na, George. Von Georges Grünen Gärten. Das geht alles mit rechten Dingen zu. Er hat eine große Anzeige in den Gelben Seiten. Angeblich sogar eine Webseite. Obwohl ich nicht genau weiß, was das eigentlich ist.«

Sylvie beschloss, sich diese Seite so bald wie möglich anzusehen. Aber zuerst …

»Mill, erzähl doch bitte nicht überall, dass ich bei dir einziehen werde.«

»Ach, das soll ein Geheimnis bleiben? Kein Problem. Ich habe zu George gesagt, das blaue Zimmer mit Blick auf die Bucht wäre eindeutig das schönste, aber er meint, es könnte vor dem Fenster Fledermäuse geben oder vielleicht auch mal ein Spinnennetz. Aber so etwas macht dir nichts aus, oder? Mir kommst du nicht so vor, als würdest du bei jeder Gelegenheit gleich loskreischen.«

»Mill, ich weiß nicht, wie ich es noch deutlicher sagen soll, aber ich habe nicht vor, in absehbarer

Zeit nach Sydney zurückzukommen. Vielleicht sogar nie wieder. Ich suche mir hier eine Stelle.«

»Das verstehe ich vollkommen. Sag einfach Bescheid, wann du kommst, damit ich jemand zum Flughafen schicke. Und jetzt noch schnell der Tipp des Tages. Wenn du Eier brätst, streu ein wenig Mehl in die Pfanne. Dann spritzt es nicht. So viel für heute.«

Das war nicht gut gelaufen, dachte Sylvie mit Blick auf das Telefon. Trotzdem war ihr irgendwie warm ums Herz. Also nahm sie kurz entschlossen den Zettel mit Max' Nummer und griff erneut zum Hörer.

Nach dem sechsten Klingeln wurde abgehoben. War er das? Sie kannte seine Stimme noch nicht gut genug. »Max?«

»Sylvie, ich habe gerade an dich gedacht.«

»Tatsächlich?«

»Ich wollte dich anrufen und fragen, ob du Ende der Woche mit mir ausgehen willst.«

Mist! Er war ihr zuvorgekommen. Dabei musste doch sie ihn um ein Date bitten. Zählte denn wenigstens die Tatsache, dass sie angerufen hatte?

»Sylvie, bist du noch dran? Ich habe dich zu einem Drink eingeladen, nicht zu einer Weltreise. Sag doch einfach Ja.« Er lachte.

Sylvie fasste Mut. »Max, tut mir leid, aber könntest du auflegen und noch einmal ans Telefon gehen?«

»Sicher, wenn du meinst, dass das wirklich sein muss.«

»Das erkläre ich dir später.«

»Ich bin gespannt.« Er legte auf.

Sylvie wählte seine Nummer erneut. »Max?«

»Sylvie, hallo. Wer hätte das gedacht! Wie geht es denn so?« Er klang wie ein Polizist, der sich bemüht, einen geistig Verwirrten vom Fenstersims wegzulocken.

»Hättest du Lust, am Freitag ein Glas Wein mit mir trinken zu gehen?«

»Ein reizender Vorschlag. Wäre ich doch selbst auf die Idee gekommen.«

Sylvie strich den ersten Punkt von ihrer Liste. »Danke. Um sieben Uhr? In der spanischen Bar? Prima, bis dann.«

Sie legte auf. Sie fühlte sich großartig. Wirklich großartig. Und das nicht nur, weil sie sich der ersten Mutprobe bereits gestellt hatte.

Kurz nach drei Uhr klopfte es an der Tür. Es war Leila. Sie hielt sich gar nicht erst mit Höflichkeitsfloskeln auf. »Der Kaffee, von dem du neulich gesprochen hast – gilt das Angebot noch?«

»Natürlich, komm rein. Wie ist es denn gelaufen?«

»Das Casting für die Soap? Eine Katastrophe.«

»Was ist passiert?«

»Ich habe mich selbst sabotiert.« Leila seufzte laut und folgte Sylvie in die Küche. »Irgendetwas ist in mich gefahren. Ich konnte nicht mehr aufhören zu kichern. Was ja völlig in Ordnung gewesen wäre, wenn es um die Kicher-Rolle gegangen wäre, aber ich hatte mich um den Part der frisch verwitweten jungen Mutter beworben. Und dann meinen Text vorgetragen, als ob er zum Schreien komisch wäre.«

»O Leila.«

»›O Leila‹ ist gut. Und weißt du, was die Sache noch schlimmer macht? Ich habe gehört, was hinterher über mich geredet wurde. Das wäre das schlimmste Vorsprechen aller Zeiten gewesen. Der Produzent hat gesagt, die Szene würde in jedem Fall in eine Pannenshow kommen. Ich kann es ihnen nicht einmal verübeln. Du hättest mich sehen sollen. ›*Tot? Mein Mann ist tot? Aber wie soll ich ohne ihn weiterleben?*‹ Und dabei habe ich gegackert, als hätte ich einen Heißluftballon voller Lachgas inhaliert.«

»Das waren bestimmt die Nerven.«

»Nein, nicht die Nerven. Die Götter. Sie weisen

mir einen anderen beruflichen Weg. Sylvie, hast du Zigaretten?«

»Nein, tut mir leid. Ich bin Nichtraucherin.«

»Ich eigentlich auch. Aber ich will anfangen. Vergiss den Kaffee. Hast du heute schon etwas vor? Hast du Lust, dich mit mir zu betrinken? Du musst doch nicht etwas erledigen, oder?«

Sylvie dachte an Sebastians Liste. »Eigentlich doch. Ich muss eine Dinnerparty vorbereiten. Für nächsten Samstag. Hast du Lust, zu kommen?«

»Sicher. Aber nur, wenn du dich vorher mit mir betrinkst.«

»Abgemacht.«

Sechs Stunden später, und Sylvie benötigte fünf Anläufe, um die Tür aufzuschließen. Es war fast Mitternacht. Ihr war schwindelig von zu viel Wodka, zu viel lauter Musik und zu vielen ungewohnten Zigaretten. Blinzelnd spähte sie auf den Anrufbeantworter. Keine Nachrichten von Mill. O Gott! Sie wollte doch die Webseite von diesem grünen Gärtner überprüfen! Sie war ja eine tolle Großnichte. Mill lag vermutlich längst zerstückelt unter den Gehwegplatten ihres neu gestalteten Gartens.

Während Sylvie darauf wartete, dass der Computer hochfuhr, ging sie in die Küche und zwang sich, drei große Gläser Wasser zu trinken. Im dunklen Küchenfenster entdeckte sie ihr Spiegelbild. Es blickte ihr aus schwarz umrahmten Augen entgegen. Beim Lachen machte sich ihre Wimperntusche immer selbständig. Und sie hatte fast den ganzen Abend gelacht.

»Was für König Midas das Gold, ist für mich das Chaos«, hatte Leila verkündet, als sie in die erste Bar gekommen waren. »Alles, was ich anfasse, versinkt im Chaos. Ich bin die wahre Calamity Jane. Das ist nicht komisch, Sylvie. Hör auf zu grinsen. Ich kann doch nichts dafür. Das war immer schon so.«

Beim Poolbillardspielen hatte Leila sie mit einer Aufzählung ihrer Katastrophen unterhalten. Ihr erstes Spielhaus, von Leilas Vater als Überraschung zu ihrem zehnten Geburtstag gebaut – am nächsten Tag bei einem Sturzregen davongespült. Ihr erster Tag an der Highschool – ein Desaster. Ihr Rock hatte in der Unterhose gesteckt, und sie hatte es den ganzen Tag lang nicht bemerkt. Ihr Schritt in die Selbständigkeit, als sie endlich mit achtundzwanzig Jahren aus einer Kleinstadt nördlich von Ballarat nach Melbourne zog – ein Drama. Der Umzugswagen hatte einen großen Fahrbahnhöcker erwischt und war mit all ihren Besitztümern in Flammen aufgegangen. Ihr Versuch, die anfängliche Einsamkeit in der Stadt zu bekämpfen, indem sie ehrenamtlich ältere Nachbarn besuchte – er hatte ein jähes Ende gefunden. Die ihr zugeteilte Dame hatte Leila gefeuert, weil sie nicht unterhaltsam genug war. Ihr Versuch, fit zu werden, war daran gescheitert, dass ihr im Schwimmbad die Kleidung gestohlen wurde. Sie hatte im Badeanzug mit der Tram nach Hause fahren müssen. Und das mitten im Winter.

»Deshalb sollte man sich immer in meiner Nähe aufhalten«, hatte Leila gesagt. »Ich ziehe nämlich auch noch das Unglück anderer an. Glaubst du, man könnte daraus Kapital schlagen und mich als eine Art Abwehrzauber anbieten?«

Sylvie schmunzelte immer noch, als sie mit dem vierten Glas Wasser in Sebastians Arbeitszimmer ging. Der Computer flimmerte, und nach dem einen oder anderen alkoholbedingten Tippfehler fand Sylvie schließlich die Webseite von Georges Grünen Gärten. Die Seite wirkte sehr professionell, mit Fotografien, einem detaillierten Werdegang von George und einer langen Liste seiner Qualifikationen. Und vielen Einträgen von zufriedenen Kunden. Beruhigend. Mill und ihr Garten waren offenbar in guten Händen. Händen mit grünem Daumen.

Als Sylvie kurz darauf im Bett lag und versuchte,

das Schwindelgefühl zu ignorieren, fiel ihr noch etwas ein. Etwas, das Leila gesagt hatte und das nicht komisch war.

Sie waren bereits in der dritten Bar gelandet, hatten ihr viertes Poolbillard gespielt und ihren dritten oder womöglich schon vierten Wodka Tonic getrunken. Sylvie hatte Leila von der Schatzsuche erzählt, den Hinweisen, die sie zur Buchhandlung geführt hatten, und der Liste mit den Mutproben. Von Leila gedrängt, hatte Sylvie ihr schließlich von ihrer Mutter und ihren Schwestern erzählt und davon, was auf Vanessas Hochzeitsfeier geschehen war.

»Ich wünschte, ich hätte einen großen Bruder, der sich so um mich kümmert«, hatte Leila gesagt. »Meine drei kleinen Brüder sind Monster. Sie stehen auf Heavy Metal und sind Motorradfreaks. Wenn irgendwann in Victoria die Erde bebt, dann ist unser Haus sicher das Epizentrum.« Sie hatte gekonnt drei Kugeln eingelocht und quer über den grünen Tisch geblickt.

»Was ist mit deinem Vater, Sylvie? Ihn hast du noch gar nicht erwähnt.«

»Er lebt hier. In Melbourne.«

»Deine Eltern sind geschieden?«

Sylvie hatte genickt.

»Was ist denn passiert?«

»Unüberwindliche Differenzen. Das ist der juristische Ausdruck dafür, wenn man sich ständig anschreit. Als er gegangen ist, war ich acht Jahre alt. Sebastian ist zu ihm gekommen.«

»Hast du dich in den letzten Tagen schon mit deinem Vater getroffen?«

»Ich habe ihn damals zum letzten Mal gesehen.«

Leila hatte sich vom Tisch aufgerichtet. »Vor zwanzig Jahren?«

»Einundzwanzig.«

»Wieso?«

»Damals wollte Mum es nicht. Es hätte sie zu sehr aufgeregt, ich hätte es nicht einmal vorschlagen dürfen. Und seither …« Sie hatte mit den Schultern gezuckt.

»Bist du denn gar nicht neugierig? Willst du ihn nicht wenigstens ein Mal sehen?«

Sie war nicht neugierig. Sie war verletzt. Ihr Schmerz war das Erbe von zu vielen Jahren ohne einen einzigen Anruf oder auch nur eine einzige Geburtstagskarte. »Jetzt ist es zu spät. Und Mum würde sich immer noch aufregen.« Das hatte selbst in ihren Ohren albern geklungen.

»Aber du bist erwachsen. Und deine Mutter aufzuregen ist deine Lebensaufgabe. Weißt du das nicht? Ich mache meine Mutter kirre.«

»Das ist alles sehr viel komplizierter.«

»Aber du musst doch neugierig sein.«

Sylvie hatte das Thema wechseln wollen. »Natürlich. Aber er hat auch immer gewusst, wo ich bin. Es liegt also nicht nur an mir.«

»Das sehe ich anders. Es liegt an dir. Einer muss den ersten Schritt tun.« Sie hatten eine Weile weitergespielt, dann hatte Leila gesagt: »Kann ich dich etwas sehr Direktes fragen?«

Sylvies Erfahrung nach lautete die beste Antwort auf diese Frage immer Nein. »Schieß los.«

»Hast du schon mal daran gedacht, dein Leben selbst in die Hand zu nehmen?«

»Wie bitte?«

Leila hatte die Queuespitze gekreidet und Sylvie ernst angesehen. »Ich entschuldige mich jetzt schon, wenn das etwas eigenartig rüberkommt, aber ich habe nach deiner Schilderung den Eindruck, dass du in den letzten Jahren nur das getan hast, was deine Mutter und Schwestern gesagt haben. Und jetzt bist du hier und tust das, was Sebastian sagt. Nicht nur, dass du nach Melbourne gekommen bist und dich um seine Wohnung kümmerst – das gilt auch für diese Schatzsuche.«

»Das ist doch nur Spaß.«

»Ich weiß. Und ich habe ja gesagt, ich hätte selbst gerne so einen Bruder. Aber du bist fast dreißig. Wann triffst du endlich deine eigenen Entscheidungen in Bezug auf dein Leben und deinen Vater? Du bist doch ein heller Kopf und du bist unglaublich nett. Ich verstehe nicht, wieso du nicht schon längst dein eigenes Ding machst.«

Machte Leila ihr Komplimente, oder warf sie ihr Beleidigungen an den Kopf? »Ich wusste nicht, was ich machen soll.«

»Nicht? Na gut.« Leila zielte und stieß zu. Die Kugel traf daneben. »Es ist wahrscheinlich auch einfacher, sich von anderen herumschubsen zu lassen. Du bist dran, Sylvie.«

Leilas Worte gingen Sylvie im Kopf herum. Traf das wirklich zu? Hatte sie es sich bequem gemacht und andere über ihr Leben bestimmen lassen? War es nicht eher so, dass sie gerne anderen half? Viel zu tun hatte? Gebraucht wurde? Oder war das nur ein Vorwand?

Erst am frühen Morgen schlief Sylvie endlich ein.

Am nächsten Tag rief sie als Erstes ihre Mutter an, noch vor dem Kaffee und der Kopfschmerztablette. Wenn sie auf einen Anruf ihrer Mutter wartete, dann womöglich vergebens. Sie musste selbst zum Hörer greifen.

Fidelma klang aufrichtig erfreut, von ihrer Tochter zu hören. »Sylvie, Liebes, wie läuft es denn so? Ich wollte dich in Ruhe lassen, ich dachte, du hast erst einmal genug von mir. Ich bin gerade mit Ray aus dem Refugium gekommen, und ich bin unglaublich inspiriert. Ich habe so viele Ideen für meine nächste Ausstellung. Die Landschaft dort bringt etwas in mir zum Schwingen. Ray ist jeden Morgen noch vor Sonnenaufgang aufgestanden und hat meditiert, er findet auch, dass es wichtig ist, der Natur nahe zu sein. Nicht nur für die Kreativität, es tut auch der Seele gut. Ich spiele übrigens mit dem Gedanken, ein ganz neues Element in mein Werk einzuführen, multimedial zu arbeiten, mit …«

Als Sylvie zehn Minuten später auflegte, hatte ihre Mutter nicht ein Mal gefragt, wie es ihr in Melbourne erging. Aber entweder war Sylvie noch vom Wodka betäubt, oder es machte ihr tatsächlich weniger aus.

Dann zog es sie zur Fotografie ihres Vaters.

Worüber sollte sie mit ihm sprechen, falls sie ihn anrief? Über seine Gedichte? Sie hatte sein Werk nie wirklich verstanden. Sein Stil war experimentell, seine Sätze zerhackt, seine Sprache wütend. Was hatte Sebastian gesagt? Dass er Suaheli gelernt hatte, in einem Penthouse lebte, ein neues Auto fuhr? Oder dass nichts von alledem stimmte?

Es herauszufinden wäre ein Leichtes. Sie bräuchte bloß Sebastian anzurufen und um die Telefonnummer und Adresse ihres Vaters zu bitten, vor seiner Tür zu erscheinen und zu sagen: »Hallo, Dad. Ich bin's, deine Tochter.«

Aber dann? Wo beginnen, wenn man sich einundzwanzig Jahre lang nicht gesehen hat?

Als Leila später am Nachmittag vorbeikam, klopfte sie gar nicht erst an.

»Stirbst du an einem Kater?«, rief sie. »Selbst schuld. Du hättest nicht mit mir ausgehen sollen.«

»Das sag ich mir auch«, seufzte Sylvie von ihrem Kissenlager im Erker her, neben ihr eine leere Cola-Dose und eine Tüte Chips. »Ich glaube, mit dir befreundet zu sein bekommt mir nicht.«

»Deshalb habe ich ja keine Freunde. Und weil ich die Klappe nicht halten kann. Ich erinnere mich doch recht, oder? Ich habe dir gesagt, du solltest dein Leben in den Griff bekommen?«

»Das hast du, klar und deutlich.«

»Und dabei kenne ich dich kaum. Und erst recht nicht die ganze Wahrheit. Vor allem aber frage ich mich, wieso gerade ich mir einbilde, dir Ratschläge erteilen zu dürfen? Da doch mein eigenes Leben ein einziges Chaos ist. Genau das hast du wohl auch gedacht, oder?«

»Du bist also nicht nur Schauspielerin, sondern auch Gedankenleserin?«

»Gescheiterte Schauspielerin. Den korrekten Ausdruck, bitte. Es tut mir leid, Sylvie. Ich bin zu weit gegangen. Ich hatte zwar recht, nicht jedoch das Recht, dir das zu sagen.«

Sylvie mochte Leila zu sehr, um ihr böse zu sein. Und außerdem war es gut möglich, dass Leila den Nagel auf den Kopf getroffen hatte … »Ich vergebe dir. Wirklich. Aber darf ich es dir vielleicht heimzahlen? Ich treffe mich am Freitag mit einem Freund auf einen Drink. Möchtest du mitkommen?«

»Wie kannst du denn jetzt schon einen Freund haben? Du bist doch gerade erst in die Stadt gekommen. Ich lebe bereits zwei Jahre hier und kenne kaum eine Menschenseele.«

»Er ist ein Freund von Seb.«

»Dein Bruder kennt einfach zu viele Menschen. Aber ich kann leider nicht. Ich bin im Carlton verabredet.«

»Also hast du doch Freunde?«

»Nur Menschen, die Mitleid mit mir haben. Es ist ein Paar, das ich kennengelernt habe, als ich letzten Sommer auf das Haus aufgepasst habe. Und dabei den Kamin entflammt habe. Ich weiß. Frag nicht. Trotzdem danke.«

»Gerne. Und danke für gestern Abend.«

»Danke für den Kater, willst du wohl sagen.« Leila winkte ihr zu und lächelte sie beim Hinausgehen breit an. »Wie du siehst, im Gedankenlesen bin ich gut.«

Kapitel 7

Zwei Tage später wurde Sylvie vom Klingeln des Telefons geweckt. Doch es war nicht Mill, sondern eine der Zeitarbeitsagenturen. Wenn Sylvie wollte, könnte sie noch am selben Tag einen Job haben. Bei einer Firma namens Dennison Reilly. Dateneingabe. Sylvie notierte sich die Adresse. St Kilda Road, ein Fußmarsch von zwanzig Minuten. Ja, das würde sie gerne machen. Um halb neun da sein? Überhaupt kein Problem.

Es war ein gutes Gefühl, Jeans und T-Shirt gegen bürotaugliche Kleidung zu tauschen. Sylvie verkörperte die reine Effizienz: enger Rock, schneeweiße Bluse, Perlenohrringe und schwarze Pumps. Am Tag zuvor war sie beim Friseur gewesen. Ihre Korkenzieherlocken waren zu sanften Wellen geworden und lagen eng am Kopf an. Garçonne-Schnitt, hatte der Friseur gemeint. Wie immer die Frisur auch hieß, ihr Haar hatte sich am Morgen jedenfalls sehr leicht bändigen lassen.

Sylvie kam um zwanzig Minuten nach acht in einem großen, verglasten, zwanzigstöckigen Gebäude an der St Kilda Road an. Sie musste sich in die Besucherliste eintragen und dann mit fünfzehn anderen, geschäftsmäßig gekleideten Besuchern warten, bis sie auf der siebzehnten Etage in ein Labyrinth aus ruhigen Büros vorgelassen wurde. Eine Frau mittleren Alters kam an die Rezeption, um Sylvie abzuholen. Dunkles Haar, zu einem Pferdeschwanz zusammengebunden, viel Make-up. Ein blumiges Parfum. Sie stellte sich weder vor, noch suchte sie das Gespräch.

Sylvie versuchte ihr Bestes, als sie der Frau durch den Gang folgte. »Die Aussicht von hier oben ist großartig.«

Keine Antwort.

»Dies hier ist eine Versicherungsgesellschaft, nicht wahr?« Sylvie hatte auf die Broschüren in der Empfangshalle gespäht.

Die Frau nickte.

Sylvie wurde zu einem kleinen, fensterlosen Kämmerchen geführt, in dem sich ein Computer und fünf Kartons mit Aktenordnern befanden. Die Frau sah ihr nicht ein einziges Mal in die Augen. Sie wies auf den Computer, auf dessen Bildschirm bereits die Datenmaske zu sehen war, und sagte: »Bringen Sie die Daten auf den letzten Stand. Und gleichen Sie die Daten mit den Unterlagen in den Kisten ab.« Sie zeigte auf die Kartons und wandte sich zum Gehen.

»Bitte«, sagte Sylvie mit einem freundlichen Lächeln.

Endlich Augenkontakt. »Was?«

Sylvie hatte das dringende Bedürfnis, etwas klarzustellen. »Es tut mir leid, aber ich hatte den Eindruck, Sie würden mich nicht darum bitten, die Arbeit zu erledigen, sondern es mir befehlen.«

»Ich befehle es Ihnen ja auch. Sie sind schließlich nur zur Aushilfe hier.«

Dann ging die Frau und schloss die Tür mit einem Geräusch, das einem Knallen sehr nahekam. Sylvie überlegte eine Weile, ob sie fluchen oder lachen sollte, und machte sich dann an die Arbeit. Gemessen an ihren Aufgaben bei den Entspannungsmanagern war das Kinderkram, von den Herausforderungen im Familienatelier ganz zu schweigen. Die Arbeit hier war reine Routine, monoton und seltsam beruhigend. Sylvies Finger flogen förmlich über die Tastatur. Sylvie überschlug die Zahlen im Kopf. Die Agentur wäre sicher nicht begeistert in Hinblick auf die Kommission, aber die Arbeit ließ sich gut an einem Tag erledigen.

Eine Viertelstunde später erhielt Sylvie einen Anruf. Von der Agentur.

»Man hat sich über Sie beschwert, Sylvie. Das überrascht uns, denn Ihre Referenzen aus Sydney waren hervorragend.«

»Worüber hat man sich denn beschwert?«

»Offenbar haben Sie ein Problem mit Ihrer Einstellung.«

»Ach ja?«

»Unsere Kundin hat Sie als überheblich und respektlos bezeichnet. Und mich bei der Gelegenheit gleich daran erinnert, und daran erinnere ich jetzt Sie, dass sie eine unserer besten Kunden ist.«

Es machte keinen Sinn, eine Diskussion zu beginnen. »Es tut mir leid«, sagte Sylvie. »Ich hatte bestimmt nicht vor, überheblich zu wirken.«

»Arbeiten Sie einfach bis zur Mittagspause weiter, in Ordnung? Ich schicke dann am Nachmittag Ersatz.«

»Sie ziehen mich hier ab?«

»Unsere Kundin hat uns darum gebeten. Es verlangt.«

»In Ordnung«, sagte Sylvie äußerlich professionell gelassen, aber innerlich fluchend. »Ich arbeite dann solange weiter.«

Um halb zwölf war Sylvie mit dem ersten Aktenstapel fertig. Sie begab sich auf die Suche nach einem Kaffeeautomaten und einer Toilette. Sylvie ging den Gang hinunter und spähte in die Büros.

Es wurde kaum gesprochen, überall waren Köpfe über die Arbeit gebeugt. Schließlich entdeckte sie den Kaffeeautomaten am Ende des Gangs. Die namenlose Frau stand davor.

»Sie sind immer noch hier?« Kein Hallo, kein »Kann ich Ihnen helfen?«.

»Nur bis zur Mittagspause«, sagte Sylvie und bemühte sich sehr um einen höflichen Tonfall. »Ich brauche einen Kaffee. Darf ich?«

Die Frau trat zur Seite, stand nun aber vor den Bechern. »Fünf Minuten Pause. Maximal.«

Sylvie drückte auf die Knöpfe, sah zu, wie der Instantkaffee in ihren Becher lief, und dachte an all ihre früheren Jobs. Die Kunden ihrer alten Agentur hatten sie immer höflich und respektvoll behandelt. Als die Frau ihren leeren Becher in den Abfalleimer warf und sich zum Gehen wandte, ergriff Sylvie die Gelegenheit.

»Verzeihen Sie.«

Die Frau blieb stehen.

»Ich hoffe, Sie verstehen das nicht falsch, aber mir scheint, Sie haben ein Problem mit Ihrer Einstellung.«

»Was?«

»Aushilfen sind Menschen. Keine Roboter. Und ich war auch nicht dreist, ich habe lediglich darum gebeten, mit etwas Respekt behandelt zu …«

»Das reicht. Ihre fünf Minuten sind um. Ich hoffe, das verstehen Sie nicht falsch.«

Sylvie war gerade wieder in ihrem Kämmerchen, da rief die Agentur erneut an.

»Wir sind darum gebeten worden, Sie auf der Stelle abzulösen. Ihr Ersatz ist schon auf dem Weg. Wir müssen unsere Zusammenarbeit hiermit beenden, Sylvie. Wir können es uns nicht leisten, ein wandelndes Pulverfass zu unseren Kunden zu schicken.«

Sie, ein wandelndes Pulverfass? Das war das größte Kompliment ihres Lebens. »Ich verstehe vollkommen«, sagte sie.

Auf dem Heimweg verflog die Euphorie. Die Schuhe drückten. Die Bluse klebte am Leib. Es war ein ungewöhnlich warmer Herbsttag. Das ließ nichts Gutes für Melbourne hoffen, wenn sie schon bei ihrem allerersten Job gefeuert wurde.

Als sie die Tür aufschloss, klingelte das Telefon.

»Hallo?«

»Sylvie, ich hatte dich gar nicht erwartet. Ich habe einen Tipp für dich. Hast du Bleistift und Papier parat?«

»Natürlich, Mill.« Sylvie griff in ihre Tasche und holte ein Notizbuch hervor. »Ich bin so weit.«

»Du klingst bedrückt. So gar nicht wie du selbst. Was ist denn los? Ist etwas passiert?«

»Ja, allerdings«, sagte Sylvie zu ihrer eigenen Überraschung. »Etwas völlig Blödes.«

»Es sind gerade die kleinen blöden Sachen, die einem am meisten zu schaffen machen. Meiner Erfahrung nach. Erzähl's mir. Ich war den ganzen Tag lang allein. Ich höre mir gerne deine Geschichte an.«

Sylvie berichtete Mill, was im Büro passiert war. »Ich wünschte nur, ich hätte anders reagiert und der Agentur gesagt, wie diese Frau wirklich war. Und sie nicht so einfach davonkommen lassen.«

»Allerdings«, sagte Mill. »Außerdem hättest du beim Gehen noch schnell die Akten anzünden sollen.«

Sylvie lachte. »Genau. Und das Computerprogramm löschen.«

»Richtig. Dann vom Büro aus die Zeitansage in China anrufen. Dieser Frau die Luft aus den Reifen lassen. Ihr abführende Schokolade anbieten. Juckpulver ins Haar streuen.«

»So etwas gehört doch nicht etwa zu deinen Haushaltstipps?«

Mill lachte verzückt. »Nein, aber es wäre schon spaßig, das eine oder andere mal auszuprobieren. Ich bin jedenfalls froh, dass du da raus bist, Sylvie. Dieses Weib schien ja eine richtig widerliche Hexe zu sein.«

»Mill!«

»Ist doch wahr. Ich kann es nicht ausstehen, wenn andere sich so herablassend benehmen. Das ist immer ein Zeichen von Unsicherheit. Mir ist etwas Ähnliches passiert, als ich in deinem Alter war. Da war so ein Herr, der immer die Nase gerümpft hat, wenn ich mit Vincent ins Konzert gegangen bin. Einmal hat er zu mir gesagt: ›Ich weiß wirklich nicht, wieso er sich mit seiner Haushälterin in der Öffentlichkeit zeigt.‹ Und dabei hat er so hochnäsig geschaut. Übrigens ein sehr treffender Ausdruck. Also habe ich das Kinn vorgeschoben und gesagt: ›Nun ja, weil ich eine Granate im Bett bin.‹ Danach hat er den Mund gehalten. Obwohl es sich natürlich wie ein Lauffeuer herumgesprochen hat, dass ich keine Haushälterin, sondern mehr so etwas wie eine Prostituierte wäre. Vincent fand es köstlich. Er hat überall erzählt, dass er mich auf Ratenzahlung freigekauft hätte.« Sie brach in lautes Gelächter aus.

»Mill, hast du etwas getrunken?«

»Zu dieser Tageszeit? Natürlich nicht. Cocktails erst um achtzehn Uhr. Warum glaubt ihr jungen Leute eigentlich, wir hätten nie Sex gehabt? Surry Hills war damals schon ein Sündenpfuhl. Und Vincent war sehr aufgeschlossen. Er mochte es, wenn ich ...«

»Mill, bitte.«

»Oh, großartig. George kommt gerade. Er hatte mir versprochen, heute kurz vorbeizuschauen. Er vollbringt wahre Wunder. Der Garten ist vollkommen verwandelt. Und wenn wir beide uns erst einmal das Innere vornehmen, wird das hier ein ganz neues Zuhause. Habe ich dir denn eigentlich schon den Tipp des Tages verraten?«

»Noch nicht.«

»Kalte Sahne. Mehr braucht Frauenhaut nicht. Und einen Hut gegen die Sonne. Bis bald mal, Sylvie.«

»Danke, Mill ...« Doch sie hatte schon aufgelegt.

Sylvie machte sich einen Tee, dachte eine Weile nach und rief dann bei der Zeitarbeitsagentur an. Sie schilderte genau, was an jenem Morgen vorgefallen war. In sehr ruhigem und bestimmtem Tonfall. Ihre Gesprächspartnerin hörte aufmerksam zu, stellte eine Reihe von Fragen und entschuldigte sich dann. Ihr wäre nicht bewusst gewesen, dass diese Kundin so mit Mitarbeitern umging. Sie fragte Sylvie, ob sie nicht doch weiter für die Agentur arbeiten wollte. Sylvie lehnte höflich ab.

Währenddessen hatte jemand versucht, sie anzurufen. Sylvie hörte den Anrufbeantworter ab. Eine vertraute Stimme klang durch den Korridor.

»Sylvie, hier ist Jill aus Sydney, von den Entspannungsmanagern. Mir ist bewusst, dass das ein wenig kurzfristig ist, aber könnten wir uns am Montag zum Mittagessen treffen?« Ein leises Lachen. »Natürlich in Melbourne. Ich komme für ein paar Tage runter. Ich würde Sie gerne sehen.« Kurz und bündig wie immer.

Sylvie rief augenblicklich zurück. Jill hatte das Büro gerade verlassen. Sylvie vereinbarte mit ihrer Assistentin ein Treffen in einem französischen Bistro. Perfekt. Sie konnte es kaum erwarten. Und die Ironie an der Geschichte war – wäre sie nicht gerade gefeuert worden, hätte sie keine Zeit, sich mit Jill zu treffen.

Sylvie zog die entsetzlichen Büropumps aus und schlitterte zur Feier des Tages auf Strümpfen über den Fußboden.

Am Abend saß Sylvie eine Stunde lang vor Sebastians Computer und suchte nach Ratschlägen für eine gelungene Dinnerparty. Sie hatte ihr Essen für den kommenden Samstag geplant, Max und Donald angerufen und eingeladen. Sie hatten beide zugesagt.

Sie entschied sich für asiatisches Essen. Mehrere Vorspeisen und Hauptgerichte, eine Symphonie unterschiedlicher Geschmacksrichtungen, alles nach Rezept. Sylvie wollte die Gerichte nicht vorher ausprobieren. Sie konnte kochen. Und es machte wohl kaum einen Unterschied, ob man exotische oder gewöhnliche Zutaten nahm. Man musste sich nur nach dem Kochbuch richten und alles gut vorbereiten, der Rest lag am richtigen Timing.

Es gab unzählige Webseiten zu diesem Thema. Sylvie hatte bald schon eine lange Liste mit Anregungen für die Tischdekoration und mit Rezepten für Cocktails, Empfehlungen, wie man servieren und worüber man sich während des Essens und danach unterhalten sollte. Sie wollte sich gerade ausloggen, als ein heller Ton die Ankunft einer neuen E-Mail verkündete. Ohne nachzudenken, klickte Sylvie die E-Mail an.

Von: LaurenceDevereaux@hotmail.com
An: SebastianDevereaux@yahoo.com
Betr: Abendessen?

Seb, Freitag Abendessen? Tisch ist reserviert. Wenn ich nichts von dir höre, bleibt es dabei. Dad.

Sylvie las die E-Mail vier Mal. In genau diesem Moment saß ihr Vater irgendwo in Melbourne an seinem Computer. Sie hätte augenblicklich zurückschreiben können. *Hi, Dad, hier ist deine Tochter Sylvie. Lange nichts voneinander gehört!*

Sie war in Versuchung. Einen Moment lang. Die Finger schwebten über der Tastatur. Dann ging Sylvie offline und schaltete den Computer aus. Sie schickte Sebastian eine Textnachricht und entschuldigte sich, dass sie die E-Mail gelesen hatte. Mehr gab es in dieser Angelegenheit nicht zu tun.

Kapitel 8

»Du bist ein Segen für mich und mein Sozialleben, Sylvie«, sagte Max. »Das ist nun schon der zweite Abend bei Drinks, und dann noch eine Einladung zum Essen. Das ist fast schon zu viel des Guten.«

Sie saßen wieder in der spanischen Bar. Draußen goss es in Strömen, der Regen rauschte durch die Abflussrinnen. Im Innern aber war es warm und gemütlich, das Licht gedämpft, Gitarrenmusik wirbelte um sie herum. Auf dem Tisch standen Tapas und eine Flasche Wein, die schon zur Neige ging. Die Bar war ziemlich voll, es war Freitagabend, und überall wurde angeregt geplaudert.

»Das hast du Sebastian zu verdanken«, sagte Sylvie. »Er hat sich die Mutproben ausgedacht.«

»Bin ich denn so Furcht einflößend, dass er dich mit List und Tücke dazu bringen musste, mit mir auszugehen?«

»Du bist sogar ausgesprochen Furcht einflößend.«

»Fantastisch. Ich flöße anderen Furcht ein, und es ist mir nicht einmal bewusst. Ist es meine unterschwellige Männlichkeit? Meine machtvolle Stimme? Meine maskuline Aura?«

»All das, gar keine Frage.«

»Hast du immer noch Angst?«

»Jetzt nicht mehr.«

»Also ist das ein Date und nicht nur ein Drink? Und ich sitze hier so ahnungslos herum.«

»Nicht wirklich.« Sylvie redete sich um Kopf und Kragen. »Die Mutprobe verlangte, mit irgendjemandem ein Date auszumachen. Nicht speziell mit dir.« Das klang schlimm. »Ich kenne hier ja sonst niemanden.« Noch schlimmer.

Max blieb gelassen. »Ich stelle mich gerne als Übungsobjekt zur Verfügung, solange ich nicht dein Glück mit einem anderen ruiniere. Sehnt sich denn in Sydney niemand nach dir?«

»Hörst du das Heulen und Klagen denn nicht? All die Verlassenen, die mir nachweinen?« Sylvie schüttelte den Kopf. »Nein. In Sydney ist niemand.« Pause. »Und was ist mit dir?«

»Ich habe auch niemanden in Sydney. Oder Melbourne. Oder Adelaide, Perth, Hobart, Canberra, Brisbane oder Darwin. Ich hatte mal einen kurzen Flirt mit einer Frau aus Wagga Wagga, oder kam sie aus Coolangatta? Es hat jedenfalls nicht funktioniert. Ich bin frei und ungebunden. Nein, genauer gesagt, frei, ungebunden und Furcht einflößend.«

»Es tut mir leid, wenn ich dich enttäuschen muss, aber du bist nicht Furcht einflößend.«

»Nicht? Auch gut.« Er lächelte sie an.

Vier Stunden später saß er dicht neben ihr und raunte ihr ins Ohr. Sie waren in einem kleinen Jazzclub gelandet. Die Musik war so laut, dass sie sich nicht anders verständigen konnten. Sylvie hatte Max von Tante Mill und ihren Anrufen erzählt.

»Und du führst tatsächlich eine Liste mit all ihren Haushaltstipps?«

»Ja, obwohl ich wirklich nicht weiß, was ich damit anfangen soll.«

»Mill ist die Tante, die dich gebeten hat, zu ihr zu ziehen, oder?«, fragte er.

Sebastian hatte ihm offensichtlich alles erzählt. Sylvie nickte. »Sie war die Haushälterin von irgend so einem Musiker, Vincent Langan, und nach seinem Tod hat er ihr …«

»Vincent Langan?« Die Band machte gerade Pause. Mehrere Gäste drehten sich um. »Der Jazzkomponist?«

»Du kennst ihn?«

»Natürlich kenne ich ihn. Der Mann ist eine Legende, ein Star in Sydneys Jazzszene der Fünfziger.

Unglaublich. Seither vollkommen unterschätzt. Hast du ihn je kennengelernt?«

»Ich bin ihm nur ein Mal begegnet. Bei einer Familienfeier.«

»O Gott, dafür wäre ich sogar auf eine Beerdigung gegangen. Zum Tag der offenen Tür im Schlachthaus. Er hat damals nicht zufällig etwas gespielt oder über seine Musik gesprochen?«

Sylvie schüttelte den Kopf.

Max nahm mit großer Geste ihre Hand. »Das fasse ich nicht. Das ist wie in dem Lied, ›Ich habe mit dem Mädchen getanzt, das mit dem Mann getanzt hat, der mit dem Prinzen von Wales getanzt hat‹.« Er lachte. »Oder wie immer das heißt. Warte, bis ich meinen Freunden erzählen kann, dass ich den Abend mit der Frau verbracht habe, deren Großtante die Haushälterin von Vincent Langan war.«

Natürlich meinte er das nicht ernst, doch Sylvie war schlagartig nüchtern. Sie sah David vor sich, der sie ihrer Familie wegen gemocht hatte, nicht um ihrer selbst willen. Sie stand auf. »Max, es tut mir wirklich leid, aber ich muss nach Hause. Soll ich dir vorher noch einen Drink holen?«

»So plötzlich? Ist alles in Ordnung?«

»Ich habe furchtbare Kopfschmerzen«, log sie. »Und Zahnschmerzen.«

»Kopfschmerzen und Zahnschmerzen? Gleichzeitig?«

Es klang wenig plausibel. »Ich neige dazu.«

»Was habe ich gesagt, Sylvie? Womit habe ich dich gekränkt?«

»Nichts. Es sind nur die Zahnschmerzen. Und die Kopfschmerzen.«

»Ich bringe dich nach Hause.«

»Es regnet. Ich nehme ein Taxi.«

»Wenn du meinst.«

»Meine ich.« Sein Gesichtsausdruck änderte sich. Er hatte die unmissverständlichen Signale empfangen und zog sich zurück. Sylvie tat es beinahe schon wieder leid. Mehr als das. Sie hatte ihn im Laufe des Abends immer attraktiver gefunden.

Max reagierte sachlich. »Wenn du das Abendessen wegen deiner Zahnschmerzen lieber absagen möchtest ...«

Das Abendessen! Das hatte sie ganz vergessen. Dieser Mutprobe würde sie sich noch stellen, dann war Schluss mit lustig. »Natürlich nicht«, sagte sie. Ihr gekünstelter Tonfall widerte sie an. »Wenn ich erst einmal eine Schmerztablette genommen habe, geht es schon wieder. Wir sehen uns am Samstag.«

»Das war ein toller Abend. Ich danke dir. Hoffentlich geht's dir bald besser.«

»Danke. Bis bald.«

Zehn Minuten später saß Sylvie auf der Rückbank eines Taxis, der Regen trommelte gegen die Scheiben, und sie wartete auf das beruhigende Gefühl, das ihr bestätigte, richtig gehandelt zu haben, als sie gegangen war, um zu verhindern, dass mit Max das Gleiche geschehen würde, was mit David geschehen war.

Doch Erleichterung stellte sich nicht ein. Nur das Empfinden, gerade alles verdorben zu haben.

Es tat Sylvie gut, sich am Montag mit ihrer ehemaligen Chefin zum Mittagessen zu treffen. Hier war sie auf vertrautem Terrain. Nur dass sie in Melbourne waren und hinter ihnen der Yarra floss und nicht Sydneys Hafen lag. Jill wählte immer Restaurants in Wassernähe. Angeblich schmeckte es dort besser.

Sie lachte, als Sylvie ihr von ihrer ersten beruflichen Erfahrung in Melbourne erzählte.

»Das wird Ihnen eine Lehre sein. Was vergeuden Sie Ihr Talent mit Dateneingabe? Jemand wie Sie könnte den ganzen Laden schmeißen.«

»Das war mit Bedacht geschehen. Ich wollte Melbournes Geschäftswelt ganz langsam übernehmen. Mich von unten hocharbeiten.«

»Sie könnten aber auch ganz oben anfangen.«

»Wie meinen Sie das?«

»Sie wissen ja, dass ich nicht gerne um den heißen Brei herumrede, Sylvie. Ich bin nicht zum Vergnügen in Melbourne. Ich bin aus beruflichen Gründen hier, und um mich mit Ihnen zu treffen. Was im Grunde dasselbe ist.«

Sylvie wartete.

»Hier hat sich eine Gelegenheit aufgetan. Ich könnte hier eine Agentur übernehmen. Ich möchte in Melbourne eine Niederlassung aufmachen. Das gleiche Geschäftsprinzip, die gleiche Philosophie, aber erst einmal in bescheidenem Maßstab. Eine kleine Filiale, ausgerichtet auf anspruchsvolle Kunden. Sie kennen das Metier. Darum wollte ich Sie bitten, darüber nachzudenken, ob das nichts für Sie wäre.«

»Ich soll die Filiale leiten?«

»Sie wären von Anfang an dabei. Es wäre Ihr Projekt.« Jill stellte ein hervorragendes Gehalt in Aussicht. Einen Firmenwagen. Einen Mietzuschuss. Ein Ausgabenbudget.

»Aber warum ich?«

»Sie sind die perfekte Kandidatin. Sie haben mir schon so oft bewiesen, was Sie können. Außerdem haben Sie mit Ihrem Umzug nach Melbourne Initiative gezeigt.«

Wenn Jill wüsste. Sylvie schwieg.

»Wollen Sie darüber nachdenken?«, fragte Jill. »Ich brauche Ihre Antwort Ende nächster Woche.«

»Ich denke darüber nach.«

Jill hob ihr Glas. »Auf unsere Geschäftsbeziehung?«

»Auf unsere Geschäftsbeziehung«, echote Sylvie.

Kapitel 9

Bis zur Ankunft der Gäste blieb kaum eine Stunde. Und Sylvie hatte eindeutig einen Fehler gemacht.

Nach außen hin wirkte alles perfekt. Das Wohnzimmer schaute wie ein Schmuckkästchen aus. Sylvie hatte das Licht gedämpft. Die goldenen Vorhänge schimmerten. Im Hintergrund spielte sanfte Musik. Die Sofas waren an die Wand geschoben worden, der antike Esstisch stand mit den vier Stühlen in der Mitte des Zimmers. Sylvie hatte passend zu asiatischem Essen gedeckt – die Servietten waren zu Origami-Schwänen gefaltet (die Anleitung stammte aus dem Internet), die Essstäbchen lagen auf eleganten Keramikhaltern auf einer üppig gemusterten Tischdecke. Vier kleine Kerzen machten den Look perfekt.

Während der Vorbereitungen hatte Sylvie lange und intensiv über Max und ihre Reaktion auf seinen Kommentar zu Vincent Langan nachgedacht. Ihre Überreaktion. Max hatte für das büßen müssen, was der miese David angerichtet hatte. Sie war Max gegenüber nicht fair gewesen. Er war wohl wirklich ein Fan von Vincent Langan, und daher durfte er auch aus dem Häuschen geraten, weil Sylvie ihm persönlich begegnet war. Sie wollte sich bei erster Gelegenheit bei ihm entschuldigen und ihm auch, falls er wollte, die Telefonnummer von Großtante Mill geben. Mill würde bestimmt gerne über Vincent sprechen.

Max, Leila und Donald trafen nacheinander ein, kurz nach halb acht. Sylvie war schon seit einer Stunde angezogen und geschminkt; sie trug ein schwarzes Oberteil mit passender Jacke, einen dunkelorangefarbenen Rock und ihre liebsten hochhackigen Peeptoes, die sie auf beeindruckende ein Meter fünfundsechzig emporhoben.

Auch ihre Gäste hatten sich zurechtgemacht. Leila hatte ihr langes rotes Haar zu einem losen Dutt gebunden und sich die Augen wild umrandet. Sie trug ein eng anliegendes rotes Samtkleid aus den Siebzigerjahren und zeigte ziemlich viel Dekolleté.

Donald trug einen grauen Anzug mit weißem Hemd und roter Krawatte. Dezent, aber sehr elegant. Er schien sich in Sebastians Wohnung gut auszukennen, hängte seinen Mantel auf und nahm auch Max und Leila die Garderobe ab. Er küsste

Sylvie zur Begrüßung auf beide Wangen. Sie war versucht, ihm zuzuflüstern: »Ich weiß Bescheid wegen dir und Sebastian, und ich finde es wirklich großartig.« Doch sie entschied sich dagegen.

Max trug eine dunkelgrüne Smokingjacke über altmodischen Anzughosen. Alles vom Großvater seines Mitbewohners geliehen, wie er verkündete. »Ich hatte eigentlich als Gabriel Byrne in *Miller's Crossing* kommen wollen«, sagte er. »Aber ich wirke eher wie ein Statist aus *Bugsy Malone*, oder?«

Zur Begrüßung reichte Sylvie Champagner-Cocktails. Sie kam sich vor, als wäre sie in eine Komödie aus den Vierzigerjahren geraten, als sie lachend Zuckerwürfel in die hohen Gläser warf und der Champagner sprudelte und perlte. Ihre Sorge, dass es peinliche Gesprächspausen geben könnte, erwies sich als vollkommen unbegründet. Donald erzählte vom bevorstehenden Besuch eines Autors in seiner Buchhandlung. Daraufhin steuerte Leila eine Anekdote aus ihrer Kindheit bei: Sie war ihrem Lieblingsschriftsteller begegnet und hatte sich vor lauter Aufregung über seine Schuhe erbrochen. Max erzählte von einem Mann, der in den Buchladen gekommen war, sich umgeschaut und gefragt hatte: »Kann man die Bücher hier kaufen?«

Nach einer weiteren Runde Cocktails entschuldigte sich Sylvie. Die Küche war durch einen kleinen Flur vom Wohnzimmer getrennt – nicht ideal, wenn man Besuch hatte. Wenigstens konnte sie die Gespräche von weitem hören. Sie hatte ihren Gästen verboten, in die Küche zu kommen. Niemand sollte ihre militärisch-präzisen Vorbereitungen sehen. Auf dem Regal standen sechs der vielen asiatischen Kochbücher. Vor jedem Rezept lagen die dafür nötigen Zutaten. Neben dem Notizbrett hing ein Zettel mit der Arbeitsabfolge.

Die Aromen waren sensationell. Es roch nach Frühlingszwiebeln, Knoblauch, Ingwer, Koriander, Basilikum und Sesamöl. Sylvie hatte fast drei Stunden im Supermarkt verbracht, war durch die Gänge gestreift, hatte alles zusammengesucht und es genossen, dass sie dafür Zeit hatte. In Sydney war sie nach der Arbeit immer zum nächstgelegenen Supermarkt geeilt, hatte sich geschnappt, was Fidelma gerade aß, und das dann schnell und einfach gekocht – gedünstet, gegrillt oder gebacken.

Hätte sie das doch auch jetzt getan! Hätte sie sich doch die Rezepte gründlicher angeschaut, dann wäre ihr nämlich aufgefallen, dass die Gerichte unterschiedliche Zubereitungszeiten hatten. Manche benötigten eine halbe oder ganze Stunde, andere mussten nur kurz in den Wok. Wie, um alles in der Welt, konnten chinesische, thailändische oder vietnamesische Restaurants überhaupt ihre Gäste bewirten, und dann auch noch so schnell? Natürlich hatten sie ein Team von Köchen. Und nicht nur einen Wok.

In solchen Fällen half nur Wein. »Dauert nicht mehr lange«, verkündete Sylvie und stellte eine zweite Flasche auf den Tisch. Die erste war bereits leer.

Die zweite Flasche war auch schon zur Hälfte geleert, als Sylvie endlich mit den Vorspeisen erschien: gegrillte Garnelen mit Koriander, Zitronengras und Ingwer, Calamari aus der Pfanne mit Knoblauch, Sellerie und Schalotten. Die Garnelen sahen ein wenig schlaff aus, weil sie im Ofen warten mussten, während Sylvie die Calamari briet, doch entweder fiel das niemandem auf, oder ihre Gäste waren zu höflich, etwas zu sagen. Sylvie wurde mit Komplimenten überschüttet. Wenn das Kochen doch damit beendet wäre! Aber in der Küche warteten zehn weitere Schüsseln mit Zutaten, die zu den Hauptgerichten verarbeitet werden wollten. Konnte sie jetzt noch schnell eine Pizza bestellen?

Als sich gerade alle um die Anstandsgarnele stritten, klingelte Donalds Handy. Es war die Sicherheitsfirma. In der Buchhandlung war Alarm ausgelöst worden. Angeblich wäre alles in Ordnung, doch Donald müsste trotzdem kommen.

»Ich gehe«, sagte Max. »Du hast die ganze Woche lang bis spätabends gearbeitet.«

Donald faltete bereits seine Serviette zusammen. »Kommt nicht infrage. Für Überstunden zahle ich dir nicht genug. Ich schau nur kurz nach und komme gleich zurück.«

Eine Viertelstunde später rief Donald an. Es war doch versuchter Einbruch. Das Schaufenster war eingeschlagen und Donald musste auf den Glaser warten. »Es tut mir leid, Sylvie.«

»Kein Problem. Soll ich dir etwas aufheben? Ich kann es dir ja morgen vorbeibringen.«

»Das wäre wundervoll.«

Von dem Moment an veränderte sich die Stimmung. Sylvie war in der Küche, schnitt noch mehr Frühlingszwiebeln und Knoblauch in Stücke, maß noch mehr Sesamöl, Sojasauce und Reiswein ab, während aus dem Wohnzimmer Gelächter kam. Leila erzählte Geschichten von ihren katastrophalen Castings. Max schlug vor, sie sollte die Schauspielerei aufgeben und sich auf Stand-up-Comedy konzentrieren. Leila wies seinen Vorschlag lachend zurück.

Max sagte: »Ernsthaft, du solltest darüber nachdenken. Ich würde dir helfen.«

»Mir helfen?«

»Klar. Ich helfe dir bei den Proben. Bei der Aufführung. In den Comedyclubs hier gibt es überall ›Open Mike‹-Abende, wo jeder auftreten kann.«

»Dir ist das ernst.«

»Todernst. Und lustigernst auch.«

Als Sylvie endlich mit den Hauptgerichten kam (gebratene Muscheln mit schwarzen Bohnen und Chilischoten in Knoblauch-Ingwer-Sauce, Rindfleisch in scharfer Kokosnussmilch), hatten Max und Leila ihr Thema gefunden: Komödianten, die sie beide mochten. Schauspieler, die sie beide bewunderten. Stücke, die sie beide gelesen hatten. Als Sylvie die Beilagen brachte, Reis und Choisum mit Austernsauce, wurde ihr bewusst, dass sie von der Gastgeberin zur Kellnerin geworden war.

Sie waren kaum mit dem Essen fertig, da sagte Max: »In einem Club bei der Chapel Street gibt es heute Nacht Stand-up-Comedy.« Er sah auf die Uhr. »In einer halben Stunde geht's los.«

Sylvie wusste, es lag bei ihr. Wenn sie darauf bestanden hätte, zu bleiben, hätte sie ein schlechtes Gewissen gehabt. Und der Nachtisch würde viel Zeit benötigen. Frischer Obstsalat mit Cointreau und Vanille-Eis. Das Obst war noch nicht einmal geschält. Sie zauberte ein Lächeln auf ihr Gesicht.

»Eine tolle Idee«, sagte sie. »Es sollte sowieso bloß Obst zum Dessert geben. Wir können ja unterwegs einen Apfel essen.«

Max und Leila brüllten vor Lachen. Sie hatten Sylvie fünf Glas Wein voraus.

Als sie im Club ankamen, merkte Sylvie, dass sie zu Hause hätte bleiben sollen. Immerhin – sollte sie Jahre später einmal die Kinder von Max und Leila kennenlernen, könnte sie ihnen wenigstens von dem Abend erzählen, an dem sich ihre Eltern verliebt hatten. Nämlich fast auf den ersten Blick. Zwischen Max und Leila knisterte es so sehr, dass Sylvie meinte, ihr müssten davon die Haare zu Berge stehen.

Es schien die beiden auch nicht zu bekümmern, dass sie wenig später demonstrativ auf die Uhr sah. »Was dagegen, wenn ich verschwinde?«

»Natürlich nicht.«

»Du musst doch von der ganzen Kocherei todmüde sein.«

»Danke für den schönen Abend, Sylvie.«

»Wirklich. Und für das tolle Essen.«

Hatten sie überhaupt gemerkt, was sie gegessen hatten?

Leila küsste sie theatralisch auf beide Wangen. Max umarmte Sylvie. Es fühlte sich gut an, wie erwartet. Aber etwas fehlte. Die Verheißung auf mehr. Was immer Sylvie mit Max gehabt hatte, es war fort und richtete sich jetzt auf Leila. Sylvie hatte kein Wort über Vincent Langan verloren und sich auch nicht für ihre Reaktion entschuldigt. Es gab keinen Grund mehr. Plötzlich fühlte sie sich ernüchtert. Und nicht nur das. Auch töricht und traurig.

Sylvie hatte den Ausgang noch nicht erreicht, da waren Max und Leila längst wieder in ein Gespräch vertieft.

Am nächsten Morgen wurde Sylvie von einem Klopfen wach. Sie spähte auf den Wecker neben dem Bett. Zehn Uhr. Es war Leila. Sie glühte innerlich. »Ich weiß, es ist sehr früh, aber ich muss mit jemandem sprechen. Kann ich reinkommen?«

Und schon räkelte sie sich wie eine Katze an einem feuchten Wintertag auf dem Sofa.

»Sylvie, das war der beste Abend aller Zeiten. Ich schulde dir wirklich großen Dank. Nicht nur für das Abendessen, sondern …«

»Dafür, dass du Max kennengelernt hast?«

Leila schlang die Arme um sich selbst. »Ich bin verliebt, Sylvie. Glaub mir. Es ist, als hätten wir uns schon immer gekannt. Er ist so komisch. So süß. Ich kann nicht fassen, dass wir uns nie vorher begegnet sind. Gott sei Dank bist du gekommen. Wenn du nicht gewesen wärst …« Plötzlich schlug sich Leila mit der Hand auf den Mund. »O Gott, o

Gott. Zwischen euch beiden war etwas, oder? Und ich bin da hineingestolpert? Oh, Sylvie.«

»Natürlich nicht. Ich habe ihn doch gerade erst kennengelernt.« Sylvie konnte nur hoffen, dass sie die bessere Schauspielerin war. »Das ist doch toll, dass ihr euch so gut versteht. Also, was ist gestern noch alles passiert?«

Sie waren bis zum Schluss in dem Club geblieben, danach waren sie in eine Bar gegangen. Um fünf Uhr morgens hatte Max Leila nach Hause gebracht.

»Und, seht ihr euch wieder?« Sylvie bemühte sich um einen beiläufigen Tonfall.

»Schon heute Abend. Wir wollen uns auf einen Drink treffen. Vielleicht rufe ich ihn auch an und frage, ob wir wieder in eine Comedy-Show gehen.« Eine zu lange Pause. »Möchtest du mitkommen?«

»Nein, ich habe schon etwas vor, aber danke.« Ein heiteres Lächeln. »Und, wie wär's jetzt mit einem Kaffee?«

Die beiden Mutproben waren erledigt. Nun musste Sylvie nur noch Sebastian anrufen und Bericht erstatten.

»Ich hatte viel Spaß bei meinem Date mit Max, vielen Dank. Aber das Abendessen war ein Desaster. Wenigstens kann ich berichten, dass deine Kuppelei wundervoll funktioniert hat.«

»Du bist mit Max zusammen? Ausgezeichnet!«

»Nicht ich. Leila.«

»Max und *Leila*? Ach du Scheiße.«

Sebastian klang so überrascht, dass Sylvie lachen musste. »Sie haben schließlich viele gemeinsame Interessen. Comedy, Theater …«

»Das fasse ich trotzdem nicht. Ich hätte gedacht, Leila wäre für Max viel zu durchgeknallt. Tja, so kann man sich irren.«

»Angeblich ist sie verliebt.«

»Leila verliebt sich alle zwei Wochen. Na, da wünsche ich den beiden viel Glück. Trotzdem halte ich dich und Max für das bessere Paar. Übrigens bist du mit den Mutproben noch nicht fertig. Eine schuldest du mir noch.«

»Was muss ich tun? Den Yarra in einem Entenkostüm durchqueren?«

»Ganz so schlimm ist es nicht. Aber da ich mich nicht mit Dad zum Essen treffen kann, musst du für mich hingehen.«

»Sehr komisch.« Ihr Herz schlug ein wenig schneller.

»Bitte, Sylvie. Es wäre sehr unhöflich, wenn niemand kommen würde.«

»Warum rufst du ihn nicht an und sagst ab?«

»Das wäre doch die Gelegenheit, ihn zu treffen. Und ich möchte, dass ihr euch trefft.«

»Willst du mich schon wieder verkuppeln? Das hat beim ersten Mal schon nicht funktioniert.«

Sie wollte ihn mit einem Scherz vom Thema ablenken. Die leichte Panik in ihrer Stimme überspielen.

»Er ist dein Vater, Sylvie. Und jünger wird er auch nicht. Ich bitte dich doch nur, mit ihm essen zu gehen. Zum Dank dafür, dass du umsonst bei mir wohnen darfst. Und, ja, ich weiß, dass das Erpressung ist.«

»Das ist keine Erpressung, das ist Heimtücke.«

»Ich habe darauf gewartet, dass du von selbst nach seiner Telefonnummer fragst. Ich wollte dich nicht drängen. Aber von dir ist kein Wort gekommen.«

»Er weiß doch auch, dass ich hier bin. Habe ich von ihm gehört? Hat er mich um ein Treffen gebeten?«

»Sylvie, er hat sehr viel am Hals. Das ist alles ziemlich kompliziert. Für ihn ist es viel schwieriger.«

Die plötzlich in ihr aufsteigende Wut überraschte Sylvie. »Und für mich ist es einfach?«

»Einfach sicher nicht, einfacher aber in jedem Fall.« Er schwieg eine Weile. »Bitte, Sylvie, geh hin. Und du solltest ihm auch nicht sagen, dass du an meiner Stelle kommst. Dann regt er sich vorher nicht so auf …«

»Hatte er einen Nervenzusammenbruch? Willst du darauf hinaus?«

»Nein, er hatte keinen Nervenzusammenbruch. Aber für ihn war das alles auch schwer. Und natürlich ist da auch Stolz mit im Spiel. Und schlechtes Gewissen. Versuch doch, ihn zu verstehen.«

»Wie kann ich ihn verstehen? Ich kenne ihn doch gar nicht.«

»Dann ist das die Gelegenheit. Ein Anfang. Ein nettes Abendessen in einem guten Restaurant, ein paar Gläser Wein. Vielleicht könnt ihr euch so am besten begegnen.«

Sylvie schwieg. Sie malte es sich aus. Wie sie das Restaurant betrat. Ihr Vater saß schon an einem der Tische. Sie ging auf ihn zu … Ihr Herz schlug wieder schneller.

»Sylvie? Ja, nein oder ›Ich denke darüber nach‹?«

»Ich denke darüber nach.«

In den folgenden Tagen stand Sylvie drei Mal kurz davor, ihrem Vater von Sebastians E-Mail-Adresse aus eine Nachricht zu schicken und abzusagen. Jedes Mal änderte sie ihre Meinung. Sie lenkte sich nach Kräften ab, ging zum Federation Square und in die Museen, schlenderte durch die Gassen und Nebenstraßen im Zentrum.

Sie dachte stundenlang über Jills Angebot nach und versuchte, sich als Geschäftsführerin zu sehen. Wie sie sich mit potenziellen Kunden traf, Kontakte knüpfte, Vorstellungsgespräche führte. Um sich in die richtige Stimmung zu versetzen, zog sie ihre förmliche Kleidung an: Blazer, Rock, die ungeliebten Arbeitsschuhe. Die Perlenohrringe. Sie legte Make-up auf und setzte sich vor den Spiegel.

»Guten Morgen. Mein Name ist Sylvie Devereaux. Ich bin Leiterin der neuen Filiale der Entspannungsmanager, Australiens expandierender Zeitarbeitsfirma. Wie kann ich Ihnen helfen?«

»Guten Tag. Danke, dass Sie zu unserer Präsentation gekommen sind. Mein Name ist Sylvie Devereaux, ich bin Leiterin unseres Büros in Melbourne und dafür zuständig, all Ihre Personalprobleme zu lösen.«

»Vielen Dank, dass Sie Zeit für mich hatten, Herr Geschäftsmann. Im Namen der Entspannungsmanager darf ich Ihnen versichern, dass ich mein Bestes geben werde, für professionelle und effiziente Personaldienstleistungen zu sorgen. Ja, trotz unseres gewagten Firmennamens. Und, ja, ich bestehe darauf, dass Sie die Hand von meinem Bein nehmen.«

Sylvie verzog das Gesicht. »Wenn Sie Abwechslung suchen, rufen Sie doch Sylvie, Ihre Entspannungsmanagerin, an. Diskretion garantiert.« Sebastian hatte recht. Es war ein blöder Firmenname.

Danach rief Sylvie ihre Mutter an. Sie sprachen über ihre Bilder, das Refugium, über Ray. Fidelma berichtete, dass Vanessa und Cleo beschlossen hätten, ihre Ferien zu verlängern. Sylvie sagte, dass es ihr in Melbourne sehr gut ginge. Sie beließ es dabei und erwähnte weder ihren Vater noch das Jobangebot.

Max und Leila hatten zweimal Nachrichten hinterlassen und gefragt, ob sie mit ihnen essen oder in den Comedyclub gehen wollte. Sylvie lehnte beide Male ab. Wenn Amor seine Pfeile verschossen hatte, flog er davon. Warum sollte sie sich mit Eifersucht und Enttäuschung quälen?

Am Tag vor dem Abendessen blieb sie lange vor dem Bild ihres Vaters stehen. War es zu spät? Was sollte sie sagen? Was würde er sagen? Es gab nur einen Weg, das herauszufinden.

Sie schickte Sebastian eine Textnachricht. *Treffe mich mit Dad.*

Die Antwort war kurz und bündig: *Gut.*

Am Nachmittag rief Mill an.

»Zwei Tipps auf die Schnelle, Sylvie. Kaffeesatz eignet sich hervorragend als Dünger für Topfpflanzen. Und statt Schuhpolitur kann man auch ein paar Tropfen Zitronensaft nehmen. Und jetzt erzähl mir, was du in Melbourne so alles erlebst.«

Sylvie erzählte Mill in allen Details von der Dinnerparty. Auch von Max und Leila. Davon, dass Sebastians Kuppelversuche völlig fehlgeschlagen waren.

»Immerhin hast du beim Kochen Mut und Experimentierfreude bewiesen«, sagte Mill. »Ich habe immer gerne Gäste bewirtet. Vincents Freunde sind oft bei uns eingefallen, wie üblich kurz vorm Verhungern. Dann wurde stundenlang gegessen und stundenlang Musik gemacht. Das waren Abende, sage ich dir. Und was den jungen Mann angeht – vielleicht war die Zeit für euch einfach nicht reif. Ich glaube ja, dass es auch bei Gefühlen eine Saison gibt. Das ist wie bei Hunden. Vielleicht haben die Gefühle von deiner Freundin und diesem Max einfach Saison. Manchmal ist es eben so. Ein andermal wäre es womöglich für euch die richtige Zeit gewesen.«

Sylvie lachte. Seltsamerweise waren Mills Worte tröstlich. »Hast du jemals mit dem Gedanken gespielt, Kummerkastentante zu werden?«

»Nein, wer würde schon auf mich hören? Du musst die Dinge einfach akzeptieren und damit abschließen, Sylvie. Was bleibt dir sonst übrig? Willst du versuchen, die beiden auseinanderzubringen oder ihn zurückzuerobern? Dafür ist es zu spät. Lass den Dingen ihren Lauf. Wenn er für dich bestimmt war, wird er schon einen Weg zu dir finden. Und sonst? Was passiert außerdem?«

Sylvie platzte heraus: »Ich gehe heute Abend mit meinem Vater essen.«

»Gütiger Himmel. Weiß deine Mutter davon?«

»Nein.«

»Sag's ihr bloß nicht. Deine Mutter kriegt Krämpfe.«

Sylvie musste beinahe lachen. Ihre Großtante konnte, unwissentlich, Situationen wunderbar entschärfen. »Kennst du ihn eigentlich?«

»Ich bin ihm einige Male begegnet. Ich war natürlich auch bei der Hochzeit.«

»Wie war er denn so?«

»Attraktiv. Talentiert. Und, zumindest anfangs, völlig verrückt nach deiner Mutter.«

»Was ist denn bei den beiden schiefgegangen?«

»Es gab damals Gerüchte, aber wer weiß schon, was wirklich zwischen zwei Menschen vorgeht.«

Diskretion half Sylvie nicht. »Was hast du gehört?«

Mill schwieg einen Moment. »Ich weiß nicht, was davon Gerede war und was der Wahrheit entsprochen hat. Aber damals munkelte man über Geldprobleme. Und Fidelma ist natürlich nicht gerade einfach. So war sie schon immer, sogar als Kind. Sie ist eben Künstlerin. Und Künstler sind nun einmal schwierig. Aber das weißt du ja selbst am besten, du bist schließlich mit vier von der Art aufgewachsen, oder besser gesagt fünf, wenn man deinen Vater mitzählt. Deine Schwestern mag ich übrigens nicht. Die sind mir zu eingebildet. Talentiert, das sind sie, aber ausgesprochen unsympathisch.«

»Das liegt an ihrem Metier. Sie sind eben Künstlerinnen, und die benehmen sich nun einmal anders. Ich weiß das, schließlich habe ich keine künstlerische Ader und bin die Langweilerin. Der Sonderling.«

»Oh, wir baden heute aber in Selbstmitleid. Nun sei doch nicht albern. Nicht jeder wird als Künstler geboren. Und ich sage nur, Gott sei Dank. Das wäre völlig unerträglich. Immerzu brauchen sie etwas, sind ja so hilflos. Nimm nur die Maler. Wo wären sie denn ohne Galeristen, Rahmenmacher, Farbenhersteller, ohne Menschen, die sich ihre Bilder ansehen, ohne Förderer? Denk doch nur an Vincent van Gogh – ohne seinen Bruder Theo, verloren. Musiker sind genauso, allein sind sie zu nichts imstande. Und glaub mir, ich spreche aus Erfahrung. Ständig brauchen sie Bestätigung, Publikum, Instrumentenmacher, Bühnenbauer, Ticketverkäufer. Und mit Schriftstellern ist es nicht anders. Sie brauchen Leser, Buchhändler, Verlage, Druckereien. Selbst Komödianten brauchen jemanden, der über ihre Witze lacht. Sieh es doch mal von der Warte aus, Sylvie. Vielleicht sind deine Mutter, dein Vater und deine Schwestern die Sonderlinge, diejenigen, die anders sind – hilflos und sensibel. Ist doch so. Mir ist noch nie ein Künstler begegnet, der nicht irgendwie anders wäre. Dir etwa?«

»Nein.«

»Na, siehst du. Da hast du es mit deinem Naturell viel besser getroffen. Du bist unabhängig, selbständig, gesund. Lass sie doch aus der Reihe tanzen. Du weißt, wo's langgeht. Jetzt muss ich aber los. George kommt gleich, und ich habe ihm zur Cocktailstunde einen Harvey Wallbanger versprochen. So viel für heute. Und mach dir mit deinem Vater einen netten Abend.«

Kapitel 10

Sylvie entschied sich für schlichte Kleidung. Ein hellgrünes T-Shirt, ein dunkelgrüner Rock. Sie steckte sich Glitzerspangen ins Haar, trug ungewöhnlich viel Make-up auf, schaute sich lange im Spiegel an, wusch sich dann die Schminke ab und nahm auch die Spangen wieder aus dem Haar. Sie war nicht so glamourös wie Vanessa und Cleo, und es hatte keinen Sinn, sich so zu geben. Dann war ihr Vater eben enttäuscht.

Sylvies Blutdruck dagegen erreichte ungeahnte Höhen. Und Sebastian hatte sich Gedanken gemacht, dass ihr Vater im Vorfeld nervös werden könnte! Für Sylvie war das nicht bloß ein Abendessen. Die Sorge, ob Melbourne ihren Kindheitsträumen entsprechen würde, war nichts, verglichen mit den Erwartungen an ihren Vater.

Sie wollte ihn treffen. Sie musste ihn treffen. Sie war froh, dass Sebastian die Dinge forciert hatte. Sie selbst hätte den ersten Schritt niemals gewagt, zu viel stand auf dem Spiel. Sylvie bemühte sich um eine nüchterne Sichtweise. Sie würden sich bestimmt nicht in die Arme fallen wie in der Schlussszene eines ihrer Lieblingsbücher, *Die Eisenbahnkinder*, bei der sie jedes Mal weinen musste: Bobbie auf dem Bahnsteig, wo sie ihren Vater nach langen Monaten des bitteren Wartens wiedersieht.

Sylvie kannte die Stelle auswendig. Wort für Wort.

»Vater! Vater!« Es war ein markerschütternder Schrei, und keiner der Reisenden blieb davon unberührt. Sie schauten aus dem Fenster und sahen einen großen, bleichen Mann, die Lippen zusammengepresst, und ein kleines Mädchen, das sich mit aller Macht an ihn klammerte, während er es fest in seine Arme schloss.

Vielleicht würden sie und ihr Vater sich nicht einmal berühren. Sylvie wurde wieder zu dem kleinen, tief verletzten Mädchen, das so viele Jahre auf eine Geburtstagskarte oder einen Anruf gewartet hatte. Zu dem Mädchen, das langsam, aber systematisch den Teil in sich abgeschottet hatte, der an seinen Vater denken und ihn vermissen wollte. Den Teil, der in all den Jahren so gerne mit ihm gesprochen hätte.

Würden sie nun endlich miteinander reden können? Auch nur ein einziges Jahr der versäumten Zeit aufholen, ganz zu schweigen von einundzwanzig Jahren? Sylvie wollte es unbedingt. Bevor sie ging, schaute sie sich noch einmal prüfend an. »Hallo, Laurence«, sagte sie zu ihrem Spiegelbild, »ich bin Sylvie, deine Tochter.«

Das malaysische Restaurant fand sie ohne Probleme. Sie war in den letzten zwei Wochen mehrmals daran vorbeigekommen. Im Innern gab es ein Dutzend Tische, die Hälfte davon war besetzt. Sylvie hatte kaum Gelegenheit, sich umzuschauen, da wurde sie schon von einer Kellnerin empfangen.

»Einen Tisch für zwei, bitte«, sagte Sylvie.

»Haben Sie reserviert?«

»Ich bin hier verabredet.«

»Der Name?«

»Devereaux.«

Ein älterer Mann an einem Tisch beim Fenster sah auf. Er trug einen Pullover, der eindeutig schon bessere Tage erlebt hatte. Vor ihm stand ein Krug mit Wasser. Sylvie sah hin: lockiges Haar, fragender Blick.

Er nannte ihren Namen. »Sylvie?« Er stand auf. »Sylvie, bist du das?«

»Hallo.« Sie trat auf ihn zu. »Sebastian kann heute Abend nicht. Stattdessen bin ich hier.«

Er sah sie aufmerksam an. »Ich habe natürlich Fotos gesehen, aber sie werden dir nicht gerecht. Du bist bildhübsch. Du ähnelst deiner Großmutter.«

Sie schaute ihn an. Das war der attraktive Mann von den Fotos, jedoch von Alter und Leben gezeichnet.

»Bitte, setz dich doch«, sagte er.

Es gab so viel zu sagen, Sylvie wusste nicht, wo beginnen. Ihr Vater spielte mit seiner Serviette. Sylvie hatte den ganzen Tag lang im Geist das Gespräch geprobt. Jetzt fiel ihr nichts ein.

Ihm schien es ähnlich zu gehen. »Es tut mir leid. Ich weiß nicht, worüber ich mit dir plaudern soll.«

»Ich bin auch nicht gut im Plaudern.«

Er lächelte kurz. »Ich habe ein paar Bücher bei mir. Wir könnten ja einfach hier sitzen und lesen. Oder das Kreuzworträtsel hier lösen.«

Es war ein besonders schwieriges. »Bist du darin gut?«

»Schlecht bin ich jedenfalls nicht.«

Die Kellnerin kam mit der Speise- und der Weinkarte. In der Zwischenzeit setzten sich weitere Gäste an die Nebentische. Sylvie fühlte sich beobachtet. Das war keine gute Idee. Das erste Wiedersehen seit einundzwanzig Jahren, und dann an einem öffentlichen Ort wie diesem?

Ihr Vater nahm eine Speisekarte. Sylvie die andere. Sie lasen sie schweigend.

Dann hörte Sylvie Stühlerücken.

Er stand auf. »Sylvie, es tut mir leid. Ich kann nicht bleiben.« Seine Hände zitterten.

»Aber …«

»Es tut mir leid.«

Sylvie musste fassungslos zusehen, wie er zur Tür eilte und das Restaurant verließ.

Sie blieb einige Minuten lang sitzen. Sie konnte ihm nicht nachgehen. Wollte ihm nicht nachgehen. Sie sagte der Kellnerin höflich, dass sie noch ein wenig Zeit bräuchte.

»Und der Herr?«

»Er musste dringend fort.«

Als die Kellnerin ein zweites Mal an den Tisch kam, entschuldigte sich Sylvie, sie müsste leider ebenfalls gehen. Ihr Schock hatte sich in Wut verwandelt. Die Kellnerin schaute ihr verwirrt nach.

Ihr Handy klingelte schon, noch bevor sie selbst dazu kam, Sebastians Nummer zu tippen. »Alles in Ordnung?«

»Woher weißt du Bescheid?«

»Er hat mich angerufen. Wohl aus einer Telefonzelle.«

Sylvie schaute sich suchend um. Er war nirgends zu sehen. »Was, zur Hölle, geht hier vor, Seb? Was für ein Spiel treibt ihr mit mir?«

»Sylvie, das ist kein Spiel, glaub mir. Es tut mir

unendlich leid, dass es so gekommen ist. Aber das sollte ich dir nicht am Telefon erklären. Hast du morgen Abend Zeit?«

»Schon, aber …«

»Ich werde mir einen Abend freinehmen. Ich komme nach Melbourne und geh mit dir essen. Ins gleiche Lokal. Es wird dir gefallen. Und vielleicht kannst du dann ja tatsächlich eines der Gerichte probieren.«

Es sollte ein Scherz sein, aber ihr war nicht zum Lachen zumute. Nachdem sie sich verabredet hatten, beendete Sylvie den Anruf ziemlich abrupt.

Sie ging nach Hause, aber sie nahm die Umgebung kaum wahr. Das also war es? Das war das große Wiedersehen mit ihrem Vater, ihre erste Unterhaltung nach so vielen Jahren! Sollte sie weinen, toben oder doch lachen? Sylvie war völlig verwirrt. Wenn irgendjemand das Recht hatte, einfach davonzustürmen, dann doch wohl sie! Schließlich war sie verlassen worden!

Sie griff erneut zum Handy. Sie sagte nicht einmal Hallo. »Seb, ich brauche Dads Nummer. Und seine Adresse.«

»Nein, Sylvie, noch nicht. Erst, nachdem ich mit dir gesprochen habe.«

»Vergiss es. Ich bin es leid, dass du ständig über

mich bestimmst. Erst hast du mich genervt, weil ich seine Adresse nicht haben wollte, jetzt will ich sie, und du gibst sie mir nicht?«

»Ich habe einen Fehler gemacht. Ich hatte geglaubt, die Dinge lägen anders.«

»Hast du geglaubt, er würde wenigstens auf ein Glas Wein bleiben? Eine Vorspeise mit mir essen? Vielleicht ein oder zwei Krabbenkekse knabbern?« Sie holte stoßweise Luft. »Was habe ich falsch gemacht, Seb?«

»Du – gar nichts. Es lag absolut nicht an dir.«

»Was war es dann? Sag es mir doch.«

»Sylvie, das geht nicht, nicht am Telefon. Das ist eine lange Geschichte, und ich muss gleich wieder ans Set.«

»Dann gehe ich morgen zur Uni und fang ihn dort ab.«

»Er arbeitet nicht mehr an der Uni.«

»Dann geh ich zu ihm nach Hause. Seine Adresse wird ja wohl im Telefonbuch stehen.«

»Nein, tut sie nicht.«

»Was soll das? Ist er Geheimagent?«

»Sylvie, bitte. Nur noch ein Tag. Ich komme morgen Abend. Noch vor sieben Uhr, versprochen. Kannst du nicht so lange warten?«

Was blieb ihr anderes übrig? »Na gut.«

»Es tut mir leid, Sylvie. Ich hatte wirklich gehofft,

es wäre anders gelaufen. Ich habe einen großen Fehler gemacht.«

»Es war nicht dein Fehler, Seb.«

»Deiner aber auch nicht. Denk daran.«

Als Sylvie nach Hause kam, wartete nicht einmal eine Nachricht von Mill. Stattdessen aber eine neue E-Mail. An Sebastians Adresse geschickt, gerichtet an Sylvie.

Sylvie, es tut mir leid. Ich hoffe, Sebastian kann es besser erklären als ich. LD

Unterschrieben mit seinen Initialen. Nicht mit »Dad«.

Am nächsten Morgen lag ein viel zu langer und einsamer Tag vor Sylvie. Sie wartete bis neun Uhr, dann rief sie die beiden Zeitarbeitsagenturen an, bei denen sie noch registriert war. Ihr war jeder Job recht.

Eine Stunde später saß sie im Sitzungssaal eines Büros im fünfzehnten Stock an der Collins Street, umgeben von dreitausend Umschlägen, Adressetiketten und Rundschreiben.

Die junge Frau, die sie am Empfang abgeholt hatte, hatte entschuldigend gesagt: »Es tut mir leid, das ist völlig stupide Arbeit. Sie müssen nur kuvertieren. Wenn Sie möchten, besorge ich Ihnen ein Radio. Und machen Sie bitte so oft Kaffeepause, wie Sie wollen. Sonst werden Sie irre.«

»Kein Problem«, sagte Sylvie. »Das hier ist genau richtig. Vielen Dank.«

Als Sebastian um zehn nach sieben mit Laptop und Reisetasche direkt vom Flughafen ins Restaurant kam, wartete Sylvie bereits. Sie hatte ihren Bruder vor nicht einmal vierzehn Tagen gesehen, trotzdem war sie vor Erleichterung den Tränen nahe. Er eilte auf sie zu und umarmte sie.

»Alles in Ordnung, Sylvie?«

»Eigentlich nicht. Und wie steht's bei dir?«

»Arbeit, gut. Sozialleben, gut. Schwester, gibt Anlass zur Sorge. Bruder, hat schlechtes Gewissen.«

»Was ist denn, Seb? Hat er eine schwere Krankheit? Muss er sterben?«

»Nicht früher oder später als wir anderen auch.« Sebastian schaute sich suchend nach der Kellnerin um. »Möchtest du erst etwas trinken? Ich nehme an, du hast gestern Abend nicht einmal ein Glas Wein bekommen?«

»Er ist alkoholabhängig, drogensüchtig. Sein Leben ist ein einziges Chaos. Willst du mir das sagen?«

»Sein Leben ist ein einziges Chaos, ja. Aber alkoholabhängig ist er nicht. Und auch nicht drogensüchtig. Jedenfalls nicht wirklich.«

Mehr sagte Sebastian nicht. Er wollte erst bestellen und eine Flasche Rotwein auf dem Tisch sehen.

»Jetzt erzähl schon, Seb. Und lass nichts aus. Du brauchst mich nicht zu schonen.«

»Jetzt nicht mehr.« Er goss ihr ein Glas Wein ein. »Ich spanne dich auf die Folter, das ist mir klar, aber ich will dir auch etwas demonstrieren. Das Leben geht weiter, auch die schönen Dinge, selbst wenn im Hintergrund nicht ganz so schöne Dinge geschehen.«

»Tolle Weisheit, aber könntest du jetzt endlich mit der Sprache rausrücken!«

»Dad ist eine wandelnde Katastrophe, Sylvie. Pleite. Mit einem Fuß auf der Straße. Und so geht es seit Jahren.«

Sie starrte ihn an. »Das denkst du dir doch bloß aus.«

Er schüttelte den Kopf. »Er ist spielsüchtig. Aber es ist mehr als eine Sucht. Es ist ein Fluch und hat ihn ruiniert. Und er kommt nicht dagegen an.«

»Roulette? Pferdewetten? Poker?«

»Pferde, Hunde, wahrscheinlich sogar Katzen. Karten. Fußball. Was immer es gibt, er wettet darauf. Das geht schon sein ganzes Leben lang so, mal kommt er davon los, dann wieder packt es ihn.«

»Aber wie kann er spielsüchtig sein? Er ist ein gebildeter Mann. Er ist doch Dichter.«

»Das hat damit gar nichts zu tun. Außerdem arbeitet er seit sechzehn Jahren schon nicht mehr an der Uni. Er hat auch seit Jahren kein Gedicht mehr geschrieben. Jedenfalls hat er nichts publiziert.«

Sylvie hatte Mühe, alldem zu folgen. »Warum hast du nie etwas gesagt?«

»Weil er mich darum gebeten hat. Aber ich wollte es auch nicht. Du hattest doch sowieso schon eine schlechte Meinung von ihm.«

»Und warum hast du nichts gesagt, bevor ich mich mit ihm getroffen habe?«

»Das war ein Fehler, das ist mir jetzt klar. Aber ich wusste nicht, in welcher Phase er ist. Es ist wie bei einem Alkoholiker. Er hält es wochenlang aus, ohne zu wetten, dann überfällt ihn das Fieber und er macht nichts anderes, kann an nichts anderes denken, und, zack, schon ist das ganze Geld fort. In letzter Zeit ging es ihm gut. Ich hatte gehofft, das wäre immer noch so. Dass ihr euch verständigen würdet, zumindest zusammen essen und euch unterhalten könntet, bevor du das alles erfährst. Als du ins Restaurant gekommen bist, stand da ein Krug Wasser vor ihm?«

Sylvie nickte.

»Das heißt, es geht ihm wieder schlecht. Das ist ein Zeichen. Damit sagt er mir, dass ich für das Essen bezahlen muss. Wenn eine Flasche Wein auf dem Tisch steht, lädt er ein. So kann er mir mitteilen, wie die Dinge liegen, ohne es mir zu sagen.«

»Seit wann weißt du das? Seit du damals zu ihm gezogen bist?«

Sebastian nickte. »Begriffen habe ich es, als der Fernseher verschwand, der Kühlschrank wochenlang leer blieb. Als mir bewusst wurde, dass ich selbst für meine Studiengebühren aufkommen müsste, wenn ich auf die Uni wollte.«

»Aber du hast nie ein Wort darüber verloren. Bei keinem Besuch. Warum hast du uns nichts erzählt? Oder wenigstens mir?«

»Wozu denn? Mum hasste ihn sowieso. Vanessa und Cleo hatten ihn zum Staatsfeind Nummer eins erklärt. Und dir hätte Mum auch niemals erlaubt, ihn zu sehen.« Er machte eine Pause. »Wäre es dir lieber, ich hätte es dir früher erzählt?«

Sylvie dachte nach. Hätte das etwas geändert? Sie schüttelte langsam den Kopf. »Seb, war es schwer? War es schwer all die Jahre?«

»Manchmal ja. Meist war es einfach nur traurig, aber nicht schwer. Im Grunde war es für Mum wohl am schwersten. Ist dir bewusst, dass er fast all ihre Erbstücke verkauft hat, bis sie endlich begriffen hat, was da vorging?«

»Die Gemälde? Die Lampen? Deshalb ist das alles verschwunden?«

Sebastian nickte. »Alles verkauft, um Schulden zu tilgen. Und es hat sich nichts geändert. Er besitzt etwas Kleidung, einige Bücher, das ist alles. Er haust in einem regelrechten Loch, aber mehr bewältigt er nicht. Mittlerweile bekommt er eine kleine Rente, aber manchmal steht es auf des Messers Schneide.«

»War er immer schon so?«

»Ich glaube, es liegt ihm im Blut. Sein Vater war Buchmacher, wusstest du das?«

Sylvie schüttelte den Kopf. Sie wusste kaum etwas von ihrem Vater.

»Dad sagt, es hätte mit Karten angefangen. Beim Pokerspielen mit Freunden, Spielrunden, die ganze Nacht lang. Kleine Wetteinsätze, die zu großen wurden. Und über kurz oder lang steckte er wohl bis zum Hals in Schulden.«

»Hat Mum das von Anfang an gewusst?«

»Erinnerst du dich nicht, dass sie deswegen Streit hatten?«

Sylvie erinnerte sich an heftigen Streit, aber nicht, worum es gegangen war. Sie war immer in ihr Zimmer gelaufen, wenn ihre Eltern sich anschrien.

»Wenn sie Geld hatten, hat er es ausgegeben. Oder einfach genommen. Mum musste ihn rauswerfen, sonst wäre ihr nichts geblieben, da bin ich sicher. Ich ziehe meinen Hut vor ihr. Sie hat zwar immer in einer Traumwelt gelebt, aber sie hat euch alle mit Anstand großgezogen. Unter all den Seidenschals steckt eine toughe Geschäftsfrau.«

»Also hat Dad ihr nach der Scheidung nicht finanziell unter die Arme gegriffen?«

Sebastian lachte. »Oh, er hat ihr bestimmt hin und wieder fünf Dollar geschickt, wenn er nicht das Pokerfieber oder das Rennfieber hatte.«

»Aber was ist mit dir, Seb? Wer ist für dich aufgekommen, dein Essen, die Miete und all das?«

»Ich habe gelernt zu stehlen. Jetzt schau nicht so entsetzt. Ich habe von ihm gestohlen, mir aus seinem Portemonnaie Geld genommen, wenn welches da war, und es versteckt, damit wir genug übrig hatten für Rechnungen, Essen und die Miete. Bis ich eines Tages die Nase voll hatte und ausgezogen bin.«

»Hast du ihn deshalb gehasst?«

Sebastian schüttelte den Kopf. »Er kann nichts dafür. Nein, das stimmt auch nicht. Manchmal kann er schon etwas dafür. Aber, sagen wir so, ich habe sehr früh gelernt, nie vorzuschlagen: ›Wollen wir wetten?‹«

Sie lachten verhalten.

»Bist du deshalb so früh ausgezogen?« Sebastian hatte sich schon mit achtzehn Jahren eine eigene Wohnung gesucht.

»Zum Teil. Wenn ich geblieben wäre, hätte ich ihm immer wieder aus der Patsche geholfen. Das hatte ich oft genug getan, und gut bekommen ist das keinem von uns. Vor allem, nachdem er seinen Job verloren hatte. Er hatte immer wieder Vorlesungen ausfallen lassen, um zu Buchmachern zu gehen. Ich habe lange für die Erkenntnis gebraucht, dass es nicht meine Aufgabe ist, auf ihn achtzugeben.«

»Seb, es tut mir so leid. Ich wünschte, ich hätte das alles gewusst. Deinetwegen, nicht seinetwegen.«

»Mir ging es ganz gut, Sylvie. Wirklich. Manchmal war ich wütend, und dann wieder traurig. Daran hat sich nie etwas geändert. Dennoch bin ich gerne in seiner Gesellschaft. Wenn er seine Trümpfe ausspielt – entschuldige das Wortspiel –, haben wir sehr viel Spaß. Er liest wohl auch immer noch viel. Aber ich bin nicht für sein Leben verantwortlich, und er nicht für meines.«

»Deshalb hat er niemals Kontakt zu uns gesucht, oder?«

»Das ist der Hauptgrund, ja.« Sebastian schwieg eine Weile. »Ich habe viel darüber nachgedacht, mit anderen darüber geredet …«

»Mit einem Therapeuten?«

»So spektakulär war es nicht. Ich bin zu Gam-Anon gegangen, einer Selbsthilfegruppe für Angehörige von Spielern. Was ich da erfahren habe, hat mir nicht gefallen, aber ich habe begriffen, dass ich nichts tun kann. Es kam Dad gelegen, dass ich fort war. Dass wir alle fort waren. Dass er keine Frau im Nacken hatte, oder Kinder, für die er verantwortlich war. Aus den Augen, aus dem Sinn, aus dem Gewissen.«

Sylvie stiegen Tränen in die Augen. Sie blinzelte sie rasch weg. »Ich wollte ihn unbedingt mögen. Ich dachte, durch ihn würde mein Leben perfekt, dass alles gut würde, wenn ich ihn treffen würde. Und dann …«

Sebastian wartete.

»Ich habe gar nichts gefühlt. Da war einfach nur ein alter Mann. Ein alter Mann, der plötzlich aufgestanden und gegangen ist.«

»Das nenne ich ein billiges Date.«

Sylvie konnte nicht lachen. Sie war noch zu wütend, zu verletzt. »Was soll ich jetzt tun, Seb? Mich noch einmal mit ihm treffen? Muss ich ihn kennenlernen? Muss ich ihn lieben?«

»Du musst tun, was dir richtig erscheint. Und wie könntest du ihn jetzt schon lieben? Du kennst ihn doch kaum.«

»Aber er ist mein Vater. Also muss ich ihn lieben.«

»Soweit ich weiß, gibt es kein Gesetz, das so etwas vorschreibt. Aber selbst wenn, er hat ja auch sehr viele Vaterregeln gebrochen. Also habt ihr mindestens Gleichstand.«

»Liebst du ihn?«

»Ich mag ihn. Ich habe Mitleid mit ihm. Ich mache mir Sorgen um ihn. Ist das Liebe? Ich weiß nicht.«

Während des Essens erzählte Sebastian weitere Geschichten. Sylvies Augen füllten sich erneut mit Tränen.

»Um mich brauchst du nicht zu weinen, Sylvie. Wirklich nicht. Ich glaube nämlich, dass ich es am Ende besser getroffen habe. Du musstest mit Fidelma und Heckle und Jeckle auskommen.«

»Ich wünschte, ich hätte etwas gewusst. Ich wünschte, ich hätte dir helfen können.«

»Du hättest mir nicht helfen können. Und jetzt weißt du es ja.«

»Besser spät als nie?«

»Genau.«

Während des Kaffees erzählte Sylvie von Jills Jobangebot. Sebastian freute sich sehr für sie. »Begeistert siehst du aber nicht aus.« Er zögerte. »Das hat doch nichts mit Dad zu tun, oder? Weil du jetzt Bescheid weißt? Hat dir das Melbourne verdorben?«

»Nein.« Sie dachte nach. »Nein, das ist es nicht. Ich schlage mich immer noch mit so vielen Entscheidungen herum. Ob ich das Angebot annehmen soll. Wo ich leben soll. Wie ich leben soll.«

»Du musst das Angebot annehmen. Und der Rest ist einfach. Erst einmal wohnst du bei mir, bis du deine eigene Bleibe hast. Meine Freunde sind auch deine Freunde. Alles hier wartet auf dich, Sylvie. Dein neues Leben, es will gelebt werden. Nun komm, schau nicht so traurig drein. Das mit Dad ist nicht das Ende der Welt. Er ist nicht der Teufel, nicht das Böse in Person. Er ist ein Chaot. Aber es ist sein Leben, und er muss es auf seine Weise leben. Wir alle müssen unser Leben leben.«

»Ich wollte doch nur ein Happy End, Seb. Ich wollte, dass alles anders kommt.«

»Das ist ja noch nicht das Ende. Wer weiß, wie es zwischen euch weitergeht? Gib ihm etwas Zeit. Und erwarte nicht zu viel. Er ist nur ein Mensch. Und du bist das auch.«

»So einfach ist das nicht.«

»Ich habe zwanzig Jahre lang darüber nachgedacht, Sylvie. Es ist so einfach. Nicht leicht, aber einfach.« Er nahm ihre Hand. »Vertrau mir. Ich bin doch dein großer Bruder.«

Kapitel 11

Nach dem Essen verließen Sylvie und Sebastian das Restaurant und gingen nach Hause. Sylvie half Sebastian mit dem Gepäck. Er konnte nur eine Nacht bleiben, am nächsten Morgen musste er zurück ans Filmset.

»Bestimmt ist wieder eine Nachricht von Mill da«, sagte Sylvie noch vor der Tür zu Sebastian. »Sie ruft neuerdings jeden Abend an und verrät mir einen ihrer Haushaltstipps.«

»Wirklich? Ich beantrage gleich morgen eine neue Telefonnummer.«

Das Licht blinkte. Sylvie grinste. »Siehst du?« Sie drückte auf den Knopf.

»Sylvie, hier ist Mill.« Ihre Stimme klang seltsam. »Ich brauche Hilfe. Ich habe Schmerzen in der Brust. Ich habe die Nachbarn angerufen, aber niemanden erreicht. Ich wollte kein Aufhebens machen, aber … es ist ein stechender Schmerz. Du bist wohl nicht da. Ich versuche …«

Sylvie und Sebastian sahen sich entsetzt an. Sylvie hörte die Nachricht noch einmal ab.

»Das ist kein Scherz, oder?«, fragte Sebastian.

»Solche Scherze macht sie eigentlich nicht.« Sylvie griff zum Hörer und rief Mill an. Niemand hob ab. Sie versuchte es erneut. Wieder nichts.

Ohne Zögern wählte sie den Notruf und erklärte rasch die Situation.

»Wir schicken jemanden hin«, sagte die Zentrale. »Wie lautet die Adresse?«

Sylvie wusste es nicht. Sie war nie in dem Haus gewesen. »Es ist irgendwo in Surry Hills.«

»Miss, ohne Adresse können wir nichts unternehmen. Können Sie die Adresse ausfindig machen und zurückrufen?«

Sebastian rief Fidelma an. Anrufbeantworter. Sylvie rief Cleo und Vanessa auf dem Handy an. Bei beiden schaltete sich die Voicemail ein.

Auf Sylvies Vorschlag hin machte Sebastian den Computer an und googelte Vincent Langan. »Auch nichts«, rief er aus seinem Zimmer. »Hier steht nur, dass er in Surry Hills gelebt hat.«

Sylvie hatte eine Eingebung. »Seb, schnell, ruf die Webpage für Georges Grüne Gärten auf. Er weiß, wo sie wohnt.«

George ging an sein Handy, und Sylvie erklärte ihm in drängenden Worten, was geschehen war.

»Ich wohne nur drei Straßen entfernt«, sagte er. »Ich rufe den Notarzt und fahre selbst vorbei. Ich habe einen Schlüssel.«

»Sagen Sie mir Bescheid?«

»Sobald ich kann.«

George rief eine halbe Stunde später zurück. Mill war auf dem Weg ins Krankenhaus. Sie hatte bewusstlos im Wohnzimmer gelegen. Herzinfarkt.

»Hatte sie denn Probleme mit dem Herzen?«

»Eigentlich hat sie das mit Medikamenten im Griff. Aber sie war wohl so mit dem Haus beschäftigt, dass sie sich selbst vernachlässigt hat. Aber das wird schon wieder. Sagt sie, und auch der Arzt. Sie hat mir sogar etwas für Sie aufgetragen. Ich soll Ihnen etwas ausrichten. Einen Tipp.«

»Mir? In so einem Moment?«

George klang belustigt. »›Denk immer an deine Arznei.‹«

Sylvie wurde am nächsten Morgen um sieben Uhr wach. Sebastian schlief noch, die Tür zu seinem Zimmer war geschlossen. Sylvie zog sich leise an und ging hinaus in den diesigen Herbstmorgen.

Der Herbst in Melbourne war wunderbar. Anders als in Sydney fühlte sich Sylvie hier der Natur viel mehr verbunden, was nicht verwunderlich war, wenn man in der Nähe des Botanischen Gartens wohnte. Sie ging um den Park herum, lauschte dem Verkehr, dem Getrappel der Jogger, den Gesprächsfetzen. In dieser Stadt gab es noch so viel zu sehen, noch so viel zu entdecken.

Sie könnte ihren Vater besser kennenlernen, falls er es zuließ – und sie es wollte.

Melbourne bot viele Möglichkeiten. Eine neue Stelle, eine neue Wohnung, den nötigen Abstand zu ihrer Mutter und ihren Schwestern. Viele schöne Stunden mit Sebastian. Da war das Gefühl wieder. Die Erwartung. Sie wusste, sie konnte ihr Leben in Angriff nehmen.

Als Sylvie zurückkehrte, kam Sebastian gerade im Morgenmantel aus dem Bad.

»Oh, du hast frische Croissants und Orangensaft geholt. Du kümmerst dich ja so rührend um mich.«

»Habe ich nicht, könnte ich aber.«

»Ich frühstücke nie. Aber wenn du mir einen Kaffee machen würdest, werde ich das den ganzen Tag lang positiv vermerken.«

Sylvie wartete mit einem Tablett am Erkerfenster, bis Sebastian angezogen war. Sie goss Kaffee ein und setzte sich ihm gegenüber.

»Du siehst ernst aus«, sagte er.

»Das bin ich auch.« Es war der richtige Entschluss. Kein Zweifel. »Seb, ich habe mich entschieden.«

»Wozu?«

»Ich gehe zurück nach Sydney. Mir wurde da vor einiger Zeit ein Job angeboten, und ich habe vor, ihn anzunehmen.«

»Was für ein Job? Bei dieser Agentur?«

Sie schüttelte den Kopf. »Als Mills Gesellschafterin.«

Er lachte laut los. »Das ist der Hammer, Sylvie. Bettpfannen. Medikamente. Oh, ja, das wird dich absolut glücklich machen.« Er sah sie an und hörte auf zu lachen. »O mein Gott. Das ist dir ernst.«

Sie nickte.

»Aber was ist mit dem tollen Angebot hier in Melbourne?«

»Ich will es nicht.«

»Aber du wärst so gut.«

»Ich will aber nicht. Ich kenne das Metier. Lange Arbeitstage, ständig Stress. Es wäre nichts Neues.«

»Aber Melbourne wäre neu. Hier wartet so vieles.«

»Ich werde regelmäßiger kommen, dich öfter besuchen.«

»Hat das mit Dad zu tun?«

»Nein.« Dessen war sie sicher. »Ich hatte mir gewünscht, dass er anders wäre. Ich hatte mir gewünscht, dass er mich kennenlernen will. Aber daran ändert sich auch nichts, wenn ich wieder in Sydney bin, oder?«

Sebastian schüttelte den Kopf. »Nein, ich glaube nicht. Aber, Sylvie, du kommst doch vom Regen in die Traufe. Du bist jung, und Mill ist eine komische Alte.«

»Ist sie nicht. Sie ist erst Anfang siebzig, und komisch ist sie auch nicht. Exzentrisch, aber nicht komisch. Wusstest du, dass sie Vincent Langans Geliebte war? Dass er einer der besten Jazzmusiker seiner Generation war? Dass ihre Haushaltstipps Gold wert sind? Dass sie einen Weltkrieg überstanden hat? Dass sie jeden Jazzmusiker, der im Sydney der Fünfziger und Sechziger auch nur einen Ton spielen konnte, bewirtet hat? Sie hat unglaubliche Geschichten auf Lager. Sie ist höchst amüsant. Ich mag sie.«

»Dann ruf sie doch einmal die Woche an. Schreib ihr. Aber warum musst du gleich bei ihr einziehen?«

»Ich möchte sie kennenlernen, solange noch Zeit ist. Und ich will ihr helfen, ihre Verhältnisse zu regeln.«

»Verhältnisse? In ihrem Alter?«

»Ihre Papiere. Sie hat Körbe voller Rezepte und Haushaltstipps. Dann sind da Vincents Unterlagen und seine Musiksammlung. Dabei will ich ihr helfen.«

»Es ist dir ernst.« Sebastian lachte verzagt. »Was habe ich denn so furchtbar falsch gemacht?«

»Nichts hast du falsch gemacht. Es war alles richtig. Du hast mir eine andere Art, zu leben, gezeigt. Eine ganz andere Art. Und mir ist heute Morgen bewusst geworden, dass mir mein altes Leben gefallen hat. Ich musste mich dem nur aus einer anderen Richtung nähern.«

»Also ziehst du wieder zu Hause ein?«

Sie schüttelte den Kopf. »Ich bekomme ein Zimmer im oberen Stock bei Mill. Mit blauen Wänden und Blick auf einen Feigenbaum.«

»Woher weißt du das alles?«

»Mill hat es mir erzählt.«

»Wenn ich aber möchte, dass du bei mir bleibst?«

Ein Echo aus Kindertagen. *Ich möchte bei meinem Bruder bleiben.*

»Wenn du mich noch willst, wenn wir alt und grau sind, komme ich zurück und kümmere mich um deinen Haushalt. Aber vorher muss ich von Mill alles lernen.«

»Lern bloß nicht zu viel. Ich möchte nämlich kein wildes Luder als Haushälterin haben, das abends die älteren Herren aus dem Bowlingclub abschleppt.«

»Versprochen. Keine älteren Herren.«

»Bist du dir wirklich sicher, Sylvie?«

»Wegen der älteren Herren? Vollkommen.«

»Nicht deswegen.«

Sie lächelte. »Ich bin sicher, Seb. Absolut sicher.« Das sagte sie in dem Tonfall einer Schauspielerin.

Sebastian grinste. »Dann komm her und umarm deinen armen, einsamen Bruder. Deinen armen, einsamen, verlassenen Bruder.«

»Das ist emotionale Erpressung!«

Sebastian beugte sich nach hinten und verdrehte die Augen. »Endlich hat sie mich durchschaut. Meine Arbeit hier war also nicht ganz umsonst. Geh hinfort, junge Sylvie. Du hast meinen Segen.«

Sie umarmten sich erneut.

Eine Woche später feierte Sylvie mit Sebastian, Donald, Leila und Max Abschied. Es gab viel zu essen, zu trinken, zu lachen. Leila und Max sahen sich verliebt an und berührten sich ständig. Bedauern nagte an Sylvie, gemischt mit Eifersucht. Kein schönes Gefühl, doch sie riss sich zusammen und bemühte sich, sich für die beiden zu freuen.

Sebastian war der Mittelpunkt. Er beklagte, dass

Sylvie fortging, und machte Scherze darüber. »Seht doch, wie kläglich mein Plan gescheitert ist. Dabei hatte ich alles vorbereitet. Sylvie mietet sich bei mir ein, kocht mir das Abendessen, arbeitet stundenweise bei Donald in der Buchhandlung und geht eine lange und dauerhafte Beziehung mit Max ein.«

Max zuckte mit den Schultern und setzte eine traurige Miene auf. »Sie hat sich aber nicht für mich interessiert. Offenbar ist sie zu sehr an diese Schickimicki-Typen aus Sydney gewöhnt. Aber dank Leila habe ich meinen Kummer ja überwunden.«

»Ach, hör doch auf«, sagte Leila und lachte ein wenig zu laut. »Das mit uns war Schicksal, das weißt du.« Sie gab ihm einen Kuss auf die Wange.

Sylvie lächelte breit und lachte mit den anderen. Hatte Max wirklich geglaubt, dass sie kein Interesse gezeigt hatte? Wäre alles anders gekommen, wenn sie an jenem Abend nicht gegangen wäre? Wenn sie nicht so beleidigt reagiert hätte? Hätte Leila ihn dann auch noch derart fasziniert? Zu ihrer Erleichterung verwickelte Donald sie in ein Gespräch.

Bald darauf ging der Abend zu Ende. Leila umarmte Sylvie zum Abschied sehr fest. »Ich ruf dich an, Sylvie. Jede Woche, das verspreche ich. Wir können doch trotz des großen Abstands Freundinnen sein.«

»Das wäre sehr schön.« Sylvie meinte es so.

Donald umarmte sie auch. »Alles Gute, Sylvie. Und hoffentlich bis bald.«

»Das hoffe ich auch«, sagte sie.

Dann war Max an der Reihe. »Ich hoffe, dass es dir in Sydney gut geht. Wir bleiben in Kontakt.«

»Das hoffe ich.« Wirklich? Sylvie umarmte Max und machte sich rasch von ihm los. Zu ihrer eigenen Sicherheit. Er fühlte sich so gut an. So groß und stark. Und so unerreichbar.

Am frühen Nachmittag landete Sylvie in Sydney. Sie hatte Fidelma noch von Melbourne aus angerufen und ihr die Neuigkeiten berichtet. Fidelma hatte alles großartig gefunden und dann von ihrer nächsten Vernissage gesprochen. Sie wollte Flammenwerfer haben, passend zum Thema der vier Elemente. Sylvie hatte entgegnet, das klänge wunderbar, und Fidelma die Namen von zwei guten Eventagenturen gegeben. Fidelma hatte nicht angeboten, Sylvie am Flughafen abzuholen, und Sylvie hatte sie auch nicht darum gebeten. Sie war beinahe dreißig Jahre alt und konnte durchaus mit dem Taxi oder dem Bus nach Hause fahren. Zu ihrem neuen Zuhause.

Mill hatte am Abend zuvor angerufen und noch

einmal gesagt, wie glücklich sie über Sylvies Entscheidung wäre. Sie war vier Tage zuvor aus dem Krankenhaus entlassen worden. Und wieder fit wie ein Turnschuh, nach eigener Aussage.

»Wir werden ein paar grundsätzliche Regeln aufstellen. Du kommst nicht als meine Krankenschwester, verstanden? Und auch nicht als meine Gesellschafterin, wenn ich darüber nachdenke. Wir sollten Partner sein. Wie klingt das?«

Sylvie fand, das klänge gut.

Als sie das Gate verließ, kam ein Mann um die dreißig auf sie zu. Er war von mittlerer Statur, hatte ein gebräuntes Gesicht, trug verblichene Jeans und ein langärmeliges T-Shirt, das er über seine muskulösen Arme geschoben hatte.

»Sylvie?« Sie nickte, und er streckte ihr die Hand entgegen. »Ich bin George. Der Gärtner Ihrer Tante. Sie hat mich gebeten, Sie abzuholen.«

Ein offenes Lächeln. Sylvie lächelte zurück. »Wie haben Sie mich erkannt?«

Er nahm Sylvies Koffer, als wäre es eine Streichholzschachtel. »Mill hat gesagt, Sie wären zierlich und hübsch. Und so ist es. Na, kommen Sie, mein Wagen steht gleich da drüben.«

Epilog

Ein Jahr später

Sylvie und Mill saßen auf der Veranda in der Hollywoodschaukel und nippten an ihren Cocktails. Es war ein warmer Herbstabend am Ende eines sonnigen Tages. Die offenen Verandatüren gaben den Blick ins Wohnzimmer frei, auf den Fernseher. Dort sah man ein Brautpaar beim Tanzen. Die Bilder waren verwackelt wie Amateuraufnahmen. Als das Paar eine Drehung machte, stolperte der Ehemann, rutschte über die Tanzfläche und landete in der Hochzeitstorte. Der Film lief vorwärts und rückwärts, untermalt von alberner Musik.

Dann erschien die Moderatorin auf dem Bildschirm, den Anblick des tortenverschmierten Bräutigams im Hintergrund. Leila. Sie stemmte die Fäuste in die Hüften und lachte laut. »Dabei heißt es doch, vom Kuchen nascht man, vom Brote isst man. Und das war es schon wieder für heute. Schicken Sie uns Ihre Videos und denken Sie immer daran – wenn sich das Unglück meldet, melden Sie's mir!«

Kaum war der Abspann vorbei, griff Sylvie zum Telefon. »Das war großartig, ich gratuliere dir.«

»Findest du?«, sagte Leila. »Ich habe mich seit der Aufzeichnung vergangene Woche unterm Bett versteckt.«

»So etwas liegt dir im Blut.«

»Was sagt denn Mill?«

»Mill, was sagst du?«

»Ganz große Klasse.«

Sylvie und Leila hatten den Kontakt nie abreißen lassen. Leilas Karriere hatte einen plötzlichen Schub erfahren, als sie vor einigen Monaten in einer Nachwuchs-Show aufgetreten war. Dort hatte sie ein Talentsucher vom Fernsehen entdeckt. Sie wäre schrill und verrückt, hatte er gesagt, genau das, was sie bräuchten für die Moderation einer neuen Sendung mit Pannenvideos aus der ganzen Welt. Leila sollte jede Folge mit einer Aufzählung ihrer jüngsten Katastrophen beginnen. Das, so hatte sie damals zu Sylvie gesagt, wäre das geringste Problem.

Ihre Beziehung mit Max dagegen hatte nicht gehalten. Sie hatten sich nach nur zwei Monaten einvernehmlich getrennt. »Das überrascht mich gar nicht«, hatte Leila gesagt. »Warum sollte mein Liebesleben auch weniger desaströs als der Rest meines Lebens sein? Wenigstens reden wir noch miteinander. Mein letzter Freund wollte eine einstweilige Verfügung gegen mich erwirken.«

Leila hatte Sylvie und Mill zweimal in Sydney besucht. Sie fand das Haus großartig. »Da bekommt man glatt Lust, selbst Jazz zu machen«, hatte sie beim ersten Besuch gesagt. »Wie lange bleiben die Studenten denn hier?«

»Ein Jahr, und dann helfen wir ihnen, eine neue Unterkunft zu finden«, hatte Sylvie erklärt.

Cleo hatte angewidert die Nase gerümpft. »So ein schönes Haus an Stipendiaten vergeuden? Mill sollte es verkaufen und in einen Vorort ziehen. Das ist doch die reinste Geldverschwendung.«

»Es war aber Vincents Wille«, hatte Sylvie zum dritten Mal erklärt. »Er wollte, dass Mill mit seinem Vermögen etwas für die Jazzmusik tut.«

»Sie hätte doch ein paar CDs kaufen und dem Konservatorium schenken können.«

»Vincent stammte selbst vom Land«, hatte Mill Sylvie gleich zu Beginn erklärt. »Und er wollte, dass ich jungen Musikern helfe, damit sie es nicht so schwer haben wie er seinerzeit.«

Sylvie hatte dann die Idee gehabt, aus dem Haus ein Heim für auswärtige Musikstudenten zu machen und eine Stiftung zu gründen, die Mill, und auch Sylvie, überdauern würde, und Vincents beachtliche Tantiemen zu nutzen, um drei Stipendien zu finanzieren.

Vanessa war ebenso erschüttert. »Dann wirst du dein Leben als eine Art bessere Sekretärin verbringen und hast nicht einmal ein hübsches Erbe in Aussicht? Du bist doch irre.«

Ein Jahr zuvor war Jazz für Sylvie noch ein Fremdwort gewesen. Von Kompositionstechniken oder auch von den Schwierigkeiten, mit denen junge Musiker zu kämpfen hatten, hatte sie nichts geahnt. Mittlerweile war sie immer noch keine Expertin, aber ein erklärter Fan. Das Haus war voller Musik. Im Moment lebten drei Studenten dort. Ein Pianist aus dem Hunter Valley, ein Trompeter aus Alice Springs und eine Kontrabassistin aus Perth.

Mill und Sylvie hatten große Pläne für die Zukunft. Zweimal jährlich sollte ein Tag der offenen Tür stattfinden, damit alle Interessierten sich über Vincents Leben informieren, auf Originalnotenblätter schauen, sich alte Aufnahmen anhören und mit Sydneys Jazzszene beschäftigen konnten.

Sylvies Arbeitstage waren ausgefüllt. Und jeder Tag war anders. Mill war die Ideengeberin, die Umsetzung überließ sie Sylvie. So, hatten sie beide festgestellt, funktionierte es am besten. Außerdem hatte Mill seit einiger Zeit eine Nebenbeschäftigung.

Sylvie hatte einige ihrer Haushaltstipps in einer kostenlosen Lokalzeitung untergebracht. Seither schrieb Mill eine vierzehntägige Kolumne. Sie las jeden Brief, der ihr geschickt wurde, und nahm sich viel Zeit für die Antworten. Anfangs war es fast ausschließlich ums Kochen und um Haushaltsfragen gegangen. Mittlerweile drehte es sich bei den meisten der etwa hundert Briefe, die Mill jede Woche erhielt, um Beziehungsprobleme. Dann hatte der Produzent eines Radiosenders Mills Kolumne gelesen und sie in seine Show eingeladen. Unglücklicherweise hatte Mill gleich während der ersten Sendung geflucht, aber der Produzent hoffte, wenn sich die Gemüter erst einmal wieder beruhigt hätten (offenbar hatte es zwanzig Beschwerden gegeben), sie erneut in seine Sendung einladen zu können.

»Der soll voranmachen, sonst sterb ich ihm weg«, hatte Mills lakonischer Kommentar gelautet.

Sebastian und Donald waren immer noch glücklich miteinander. Durch Sebastian erfuhr Sylvie auch das eine oder andere über Max. Er hatte die Arbeit in der Buchhandlung aufgegeben, weil man ihm einen Job bei einer landesweiten Comedy-Produktion angeboten hatte. Die Tournee hatte ihn auch nach Sydney geführt, aber Sylvie war zu dem Zeitpunkt mit Fidelma im Refugium gewesen. Sylvie verreiste alle paar Monate mit ihrer Mutter, wenn Ray seine Kinder aus erster Ehe besuchte.

Manchmal schrieb sie ihrem Vater eine E-Mail, und gelegentlich antwortete er. Bisher war es dabei nur um Bücher und Filme gegangen. Jeder Satz schien bedeutungsschwer und anspielungsreich, doch Sylvie wusste nicht, wo sie anfangen sollte, und auch nicht, ob ihr Vater das überhaupt wollte. Fidelma hatte noch immer nicht nach ihm gefragt, und Sylvie hatte ihn auch nicht erwähnt. Sie war zu keiner endgültigen Entscheidung gelangt, wie sie sich ihm gegenüber verhalten oder was sie für ihn empfinden sollte. Sie hatte sich Sebastians Rat zu Herzen genommen und ließ es langsam angehen, ließ die Dinge sich so entwickeln, dass sie beide damit leben konnten. Es war nicht das ersehnte Happy End, aber das Bestmögliche, was sie und ihr Vater bewältigen konnten.

»Hast du Max schon gesehen?«, fragte Leila am Telefon.

»Max? Wo denn?«

»Bei euch in Sydney. Er hat einen Einjahresvertrag mit der Sydney Theatre Company. Ich hab ihm letzten Monat deine Nummer gegeben. Wir haben zum Abschied etwas zusammen getrunken, und er hat gesagt, dass er sich bei dir melden wollte.«

»Nein, hat er nicht.« Sylvie verspürte einen plötzlichen Schmerz.

»Ich kann dir ja seine Nummer geben.«

»Gerne«, sagte sie betont gleichmütig, doch ihr Herz raste. Sie notierte sich die Nummer.

Mill sah demonstrativ auf die Uhr. Sie waren zum Abendessen bei George eingeladen. Der offizielle Anlass war der fünfte Geburtstag seines dritten Kindes, aber im Grunde war es bloß ein Vorwand zum Feiern. George und seine Frau Sarah waren für Sylvie gute Freunde geworden. Sylvie hatte sich von dem Moment an mit George gut verstanden, als er sie am Flughafen abgeholt hatte.

Sie verabschiedete sich rasch von Leila, gratulierte ihr noch einmal und legte auf. Mill hatte die Augen geschlossen, den Kopf zurückgelehnt, das fast leere Glas in der Hand. Sie schlief öfter ein, was nicht verwunderlich war, denn immerhin war Mill vierundsiebzig Jahre alt. Und arbeitete immer noch hart.

»Mill?«

»Hm?«

»Da war nicht neulich ein Anruf für mich?«

»Mann oder Frau? Feind oder Freund? Familie oder Fremder?«

»Mann. Freund. Fremder. Hört auf den Vornamen Max.«

»Wenn ich darüber nachdenke – ja, doch. Vorige Woche.«

»Was hat er gesagt?«

»Dass er dich sprechen wollte.«

»Und was hast du gesagt?«

»Dass du nicht zu Hause wärst.«

»War dem so?«

»Jawoll.«

»Hast du wirklich vergessen, mir davon zu erzählen, oder es absichtlich vergessen?«

»Es schadet überhaupt nicht, wenn sich die Beute eines Mannes ein klein wenig rarmacht.«

»Erstens bin ich nicht seine Beute, und zweitens ist es sehr unhöflich, so etwas nicht auszurichten.«

»Du hast doch jetzt seine Nummer, oder nicht?«

»Hast du etwa gelauscht?«

»Natürlich. Wozu trage ich ein Hörgerät?«

Sie nippten beide an ihrem Cocktail.

»Mill, kann ich dich etwas fragen?«

»Schieß los.«

»Du erinnerst dich doch an die Geschichte. Wenn du also jemand kennengelernt und geglaubt hättest, da könnte etwas draus werden, aber dann ist vorher etwas geschehen, was das verhindert hat, aber dann sähe es plötzlich so aus, als könnte da doch noch etwas draus werden, was würdest du tun?«

»Ich würde ihn anrufen«, sagte Mill, »und Interesse signalisieren. Und zwar so schnell wie möglich.«

»Du meinst, gleich auf der Stelle?«

»Gleich auf der Stelle«, sagte Mill, »bevor wir zu George gehen.«

Sylvie griff zum Telefon. Nach dem fünften Klingeln wurde abgehoben.

»Max?«

»Sylvie?«

Diesmal würde sie es nicht verderben. Diesmal wollte sie Klarheit. »Max, entschuldige, dass ich gleich auf dich einstürme, aber darf ich dich drei Dinge fragen?«

»Sicher.«

»Hast du im Moment eine Freundin?«

»Nein.«

»Trauerst du immer noch Leila nach?«

»Nein.«

»Würdest du dich mit mir treffen? Ein richtiges Date?«

Sylvie konnte ihn regelrecht lächeln hören. »Das würde ich sehr gerne.«

Sylvie ging wieder auf die Veranda zu Mill. »Er hat Ja gesagt.«

»Natürlich.«

»Was meinst du mit ›natürlich‹?«

»Als er letzte Woche angerufen hat, habe ich ihm gedroht, ihn umzubringen, wenn er noch einmal so einen Mist bauen würde.«

»Das hast du nicht.«

»Das hab ich doch. Wozu hat man Familie? Und jetzt mach voran, sonst verspäten wir uns.«

Manchmal musst du dein altes Leben hinter dir lassen, um zu dir selbst zurückzufinden ...

416 Seiten
ISBN 978-3-442-46780-8

Ein großer Roman über Liebe, Freundschaft und die Suche nach Glück.

GOLDMANN

Überall, wo es Bücher gibt und unter www.goldmann-verlag.de